■宇和島伊達家叢書第七集■

伊達宗城公御日記　明治元辰六月より十一月迄　在京

―宇和島・仙台伊達家戊辰戦争関連史料 その三、東幸供奉日記―

『宇和島伊達家叢書』第七集の発行によせて

公益財団法人宇和島伊達文化保存会
理事長　伊達　宗信

このたび、『宇和島伊達家叢書』の第七集として、『伊達宗城公御日記　明治元辰六月より十一月迄　在京』を引き続き発行する運びとなりました。

当保存会では、宇和島藩伊達家の初代藩主秀宗から九代藩主宗徳にいたる判物、系譜・系図・履歴、辞令書、建白・意見書、藩主直書、書翰・日記、及び藩政全般にかかる諸史料など、約四万点の大名家文書を保存しています。また、これらの原史料とは別に、明治以降に伊達家家記編輯所において筆写された稿本史料が、「藍山公記」と題する八代藩主伊達宗城の伝記稿本一八一冊をはじめとして一万五〇〇〇点近く残されています。宇和島伊達家叢書は、この原史料及び稿本史料から特に七代藩主宗紀、八代藩主宗城、九代藩主宗徳の時代に焦点をあててシリーズとして発行しようとするものです。

二〇一一年に宇和島伊達家叢書第一集『井伊直弼・伊達宗紀密談始末』、二〇一四年には『伊達宗城隠居関係史料』（共に当保存会評議員であった故藤田正氏が編集・校注）、二〇一五年からは当保存会前理事、近藤俊文、同前評議員、水野浩一両氏の翻刻・現代語訳・解説で『伊達宗城公御日記　慶應三四月より明治元二月初旬―慶応四年三大攘夷事件関連史料　その一―』、『伊達宗城公御日記　明治元辰二月末より四月迠在京阪―慶応四年三大攘夷事件関連史料　その二・その他―』、『伊達宗城公御日記　明治元辰四月末より六月迄　在京阪―宇和島・仙台伊達家戊辰戦争関連史料　その一・その他―』、『伊達宗徳公在京日記　慶応四辰七月廿二日より明治元辰十月十八日着城迄―宇和島・仙台伊達家戊辰戦争関連史料　その二―』を刊行しております。第七集は『伊達宗城公御日記　明治元辰六月より十一月迄　在京―宇和島・仙台伊達家戊辰戦争関連史料 その三、東幸供奉日記―』を発刊することにいたしました。

本シリーズが宇和島藩に対するご理解を深めるために、多くの人々にお読みいただけることを願っております。

目　次

凡　例

一　宗城公の直筆「御日記 明治元辰六月より十一月迄」（雑記録31）を翻刻し、現代語訳と注を付け、解説文を付した。

一　漢字は、原則として常用漢字を用い、常用漢字にないものは正字を用いた。

一　かなは、現行のひらがな・カタカナ表記とし、史料原文の「ゟ」などの合字は「より」に、「ヒ」「ホ」などの略字は「被」「等」と本字にした。

一　上段の原文は、合字と略字以外は、一部を除き改行も含め正確にありのままを再現した。不明字は□で表した。

一　保存会収蔵史料の抽出、複写、整理は水野浩一が行い、翻刻、現代語訳、注および解説は近藤俊文と水野浩一が共同で行った。

一　引用文献は「解説」末にまとめた。それぞれの文献の後に、注に記載する略記を示した。

一　解説文で、『御日記　慶應三四月より明治元二月初旬』を『御日記①』、『御日記　明治元辰二月末より四月迠　在京阪』を『御日記②』、『御日記　明治元辰四月末より六月迄　在京阪』を『御日記③』、『伊達宗徳公在京日記　慶応四辰七月廿二日より明治元辰十月十八日着城迄』を『御日記④』、本『御日記　明治元辰六月より十一月迄　在京』を『御日記⑤』と略記した。

一　出典、引用文書の略記については解説文末に摘記した。

【史料及び現代語訳】

伊達宗城公御日記

明治元辰六月より十一月迄　在京

今上御誕辰(1)
　九月廿三日　廿二日か
神武帝　三月十一日
仁孝帝　二月六日
孝明帝　十二月廿五日
　右十月十九日記

明治元戊辰九月廿日東北
諸国為御綏撫東京へ辰刻過
御発輿(2)被為在候事此日
天霜晴如小春
○四字過御泊り大津《おおつ》(3)へ益御
機嫌能着　御　○宿直
　但中山申合鯉献上スル
同廿一日晴宿直
○朝六時過御出
輦五字石部《いしべ》(4)御泊へ着

今上陛下のご誕生日
　九月二十三日、二十二日か
神武天皇　三月十一日
仁孝天皇　二月六日
孝明天皇　十二月二十五日
　右十月十九日記す

明治元年戊辰九月二十日東北諸国ご安撫のために、東京に向けて午前八時過ぎにご発輿あらせられた。

この日は霜が降りていたが、晴れた小春日和であった。
○午後四時過ぎにお泊りの大津《おおつ》宿にますますご機嫌よく着御《ちゃくぎょ》　○私は宿直。
ただし、中山忠能と話し合って鯉を献上した。
同廿一日晴、宿直
○朝六字過ぎご出輦になり、午後五時石部《いしべ》宿に着御。

(1) 明治天皇の誕生日嘉永五年九月二十二日、権大納言・中山忠能（なかやまただやす）邸で出生。母は忠能次女、慶子（よしこ）（『天皇紀 一』一頁）。

(2) 岩倉具視、中山忠能、伊達宗城、池田章政、木戸孝允、大木喬任が扈従（『岩倉中』五六九頁）。

(3) 大津行在所。本陣大塚嘉右衛門宅（『行幸年表』三頁）。

(4) 石部行在所、本陣小島金左衛門宅（同右書、三頁）。

御　東多《ママ》(1)進献竹鞭(2)頂戴
直ニ御礼申上候稲穂呈覧(3)
○大原之儀補《ママ》相と密話スル(4)
同廿二日晴
○今日
御宸誕ニ付御泊土山《つちやま》(5)宿西
(6)南人別ニ御酒被下評決ス
○御旅中藩々製《ママ》札取
除候に不及掲示可致旨更ニ
聖慮ヲ以被　仰出候事
○伊神宮御鳥居の事ニ付
京神官より急飛補《ママ》へ参候(7)
右一条伊勢より申来候處
福羽五位(8)懐中して
不達一昨日ニ至分り陽
(9)明にて参會大サワキのよし
福羽云かくまて御決着

本多康穰が献上した根鞭《ねぶち》を頂戴したので、直ちにお礼を申し上げた。稲穂を摘み、天覧に供した。

○大原重徳の件について岩倉輔相と密談した。

同二十二日晴

○今日は天皇誕生日なので、お泊りの土山宿で、西と南に分けて、お祝い酒を下さることに評決した。

○行幸中、各藩の制札を取り除く必要はなく、掲示するようにとの聖慮を仰せ出された。

○伊勢神宮の鳥居について、京の神祇官から輔相に急ぎの知らせが来た。

この一件は伊勢から（京へ）報告があったが、福羽美静が懐に収めて進達しなかったことが一昨日わかり、公家衆近衛邸に参会して大騒ぎになった由。

福羽は、東幸は断固たる決意のうえのこ

（1）本多（膳所藩主・本多康穰〈ほんだやすしげ〉）の誤記か。

（2）根鞭（ねぶち）。竹根の鞭。

（3）石部宿近くで稲穂を天皇に見せ「君見マセ五月ノ雨ノフリスキテカリ穂ノ稲ノトリ實スクナキ」の歌を奉り、実物教育をした（『天皇紀 一』八四〇頁、『岩倉中』五七〇頁）。

（4）大原重徳の皇大神宮鳥居崩壊事件（本日記四—七頁、『天皇紀 一』八三九頁）について輔相・岩倉具視と密談。大原ら東幸反対派は、それを理由に東幸の中止を企図。

（5）土山行在所、本陣土山平重郎宅（『天皇紀 一』八四二頁、『行幸年表』四頁では平十郎）。

の儀
神慮ニ不被為
叶訳無之又福羽ニて
神慮慰可奉素より不
相違も獨断故如何様とも可被
仰付旨申出候よし
　但徳大寺(1)書中二条兼
　実(2)御即位の時英断
　旧例も被申越候事
　　徳の強記福羽之忠断
　　感服也
○補《ママ》相より不及心配旨申
答られ候よし
　九月廿日暁七時《ななつどき》いせ御師(3)
　山田《ようだ》大路陸奥(4)より急飛
内宮新嘗悠基《ゆき》(5)之御饌献
備之前ノ大鳥居顛倒其夕

とであり、伊勢神宮の神慮に叶わないわけはなく、また、福羽が神慮を慰め奉ります。この件をはなから進達しなかったのは、私の独断であるから、どのようにでもご処分ください、と申し出た由。

なお徳大寺実則からも、藤原兼家の一条天皇ご即位の時の英断の旧例にも言及した手紙が寄こされている。

　徳大寺の強記と福羽の忠断に感服した。
○輔相からは、心配に及ばない旨をお答えになった由。
　九月二十日早暁五時伊勢御師山田大路陸奥守から急報があり、
内宮の新嘗祭《にいなめさい》でお饌献する倭姫《やまとひめ》墓の備えの前の（木製の）大鳥居が転倒。その夕

(6) 意味不明。
(7) 大原重徳が馬を駆って伊勢神宮の変事を報告に来た（『天皇紀 一』八三九頁）。大原は刑法官知事（『補任』一四六頁）。
(8) 津和野藩士・福羽美静（ふくばびせい・よししず）、神祇官判事（『補任』二八頁）。
(9) 近衛家。

(1) 公家、徳大寺実則（とくだいじさねつね）、議定（『補任』一三頁）。
(2) 次頁の徳大寺別紙からしても二条兼実は藤原兼家（ふじわらのかねいえ）の間違い。
(3) 「オンシ」、参詣者の案内や宿泊を業とした伊勢神宮神職。
(4) 山田大路陸奥守親彦（ようだおおじむつの

風雨も無之五六尺計堀込有之
処引抜候様にて候よし
○使之者口上ニて先境
勅使御参向之時神役の内一人
御宮にて頓死致候由
右の頃
内宮西宝殿ニ蜂夥敷集り
五日程戦後一疋も不残退
散致候よし
山田大路陸奥書物内ニ
外宮之御饌炊ノ釜度々損
候よし
　橋本状(1)ニ折口《おれぐち》見合候処心(2)
　ニ至迄クチ候よし
○徳卿別紙(3)
　一條天皇
帝登極之日、有司設位、忽見大

風雨もなく、五六尺許り掘り込んでおいたのに引き抜いたように見えたそうである。

○使者の口上では、先だって勅使ご参向の折、神主の一人が宮で頓死したという。

その頃内宮西宝殿に蜂が無数に集まり、五日ほど争ったが、その後一匹も残らず、退散したそうだ。山田大路が奥書きした書物には、外宮のお饌《そなえ》を炊く釜が度々壊れたと書かれている由。

　橋本からの書状では、倒れた鳥居の折れ口を見ると、芯にいたるまで朽ちていた由。

○徳大寺卿からの別紙には、

　一条天皇

天皇即位の日、役人が式場を設けていると、たちまち大極殿の高御座《たかみくら》の内に血髑髏《どくろ》を見つけた。不吉さに大驚して、走って兼家に訴えたが、兼家は眠ったふりを

かみちかひこ）、伊勢外宮神職で東幸や遷都に反対。

（5）現在は内宮と外宮の中ほどに新嘗倭姫（にいなめやまとひめ）の神社がある。大正初年に倭姫宮として創建（http://www.isejingu.or.jp/about/naiku/yamatohime.html）。

（1）橋本実梁書状か。

（2）芯。

（3）徳大寺実則は、東幸反対派の策謀を寛和の変（かんなのへん、寛和二年〈九八六年〉の花山天皇の退位の政変）に例えた。

極殿御牀(1)側有血髑髏、大驚不祥、走曰兼家(2)、兼家方睡不應再言如初、乃跪待之。兼家乃為驚直問儀設已成否。其人忽悟。大儀将成無可更理相公故不為聞乃尓《しか》リ遂不言而罷。妖亦不徴アラ(3)。

　山田大路奸策京にて應共《ママ》唆スルモノアルヘシ

廿二日(4)

○朝六字御発(5)

輦也峠御小休ニて御戸ヲ引差上候所横臥能御快寐中山御目覚申上候一旦誠仰天申上候也

○四字着御(6)

○御側にて御酒給下ル

し、再度の訴えも無視され、跪座《きざ》して目が覚めるのを待った。兼家驚き、儀式の準備はすでに済んだのか、まだなのか問う。役人はすぐに悟った。大切な儀式がいま執行されようとしている。変えるべき理由はない。ゆえに相公は変事を聞こうとされないが、もっともだ。それ以上は言うことを止めて下った。妖変の効き目はなかった。

　山田大路の奸策に応じて、京都でも教唆する者がいるに違いない。

○（同二十三日）午前六時関宿ご発輦。

峠の小休時に鳳輦の戸を引きさし上げると、横臥してご快眠。中山卿がお目覚め申し上げたら、しばらくの間じつに仰天されておられた。

○午後四時着御。

○帝のお側でお酒を下された。

（1）牀（しょう）、高御座（『大鏡』二六五頁）。

（2）一条天皇の外祖父、藤原兼家（ふじわらのかねいえ）、寛和の変の首謀者。

（3）翻刻、読み下しには渡部良彦氏のご協力をえた。『大鏡』二六五—二六六頁参照。

（4）「廿二日」は「廿三日」の誤記。

（5）『天皇紀　一』八四三頁では「卯の半時」。

（6）二十三日の関宿（せきじゅく）行在所、本陣川北久左衛門宅（『行幸年表』四頁）。

同廿四日晴
○廿日廿一日於下宿不埒の者有之故堂上官人へ御沙汰書差出サレ候事
○朝六字(1)御出　○紀札(2)
輦於御仮立(3)御遙拝(4)夕五字過四日市御泊(5)へ着御御側にて御酒くわし被下候事
宿直
同廿五日晴
○朝七字(6)御出
輦
○昨夜越兄手簡来ル冨田御小休にて右書付入天覧候事
○三字桑名着御(7)

同廿四日晴
○二十日と二十一日に宿泊場所の報告をしない不埒な者がいるので堂上公家や役人へ命令書が出された。
○午前六時ご出輦　○紀州藩の制札。臨時遙拝所で伊勢神宮をご遙拝され、夕方五時過ぎに四日市宿泊所へ着御。お側でお酒と菓子を頂戴した。この日は宿直。
同二十五日晴
○午前七時ご出輦。
○昨夜松平慶永から（天皇を案じる）手紙が届いたので、富田宿ご小休のときそれを天覧に供した。
○午後三時桑名宿へ着御。
○桑名藩の旧家臣への扶助を下さることに決したので、尾張と藤堂の両藩へ調査

(1)『天皇紀 一』八四四頁では「卯の半刻」。
(2) 紀州藩の制札か。この二字はメモ書き。
(3) 天皇が臨時に立ち寄る場所。
(4) 伊勢神宮を遙拝。
(5) 四日市行在所、本陣黒川彦兵衛宅。
(6)『天皇紀 一』八四六頁では「辰の刻」。
(7) 冨田宿を経て桑名が「未の刻」着御、行在所は本陣大塚與六郎(『天皇紀 一』八四六頁)。

○桑旧藩人へ御扶助被下
決尾藤へ調被仰出候(1)
○御前にて御酒被下候
　但花漬上る
同廿六日晴宿直
○朝七時御乗船御供御
前ニて切食《きりめし》(2)御酒被下
天酌二字半佐屋へ着
御
○夜九字御泊リ宮へ着
(3)御御酒味
○尾両人(4)参上面會
　鴨内献也自分も一羽
○亀之助(5)拝伺
天機罷出候方可然と談ス
○今朝京便達補（ママ）相より廻ル東久状も来
同廿七日くもる

を命じられた。
○御前で御酒を賜った。
　ただし、花漬で召し上がった。
同二十六日晴、宿直
○午前七時ご乗船。お供は御前で押し寿司とお酒を天酌で賜った。午後二時半に佐屋へ着御された。
○夜九時ご宿泊の御殿へ着御された。お酒を味わった。
○尾張藩主父子が参上して面会。
　鴨を内献され、私も一羽お相伴にあずかった。
○徳川亀之助を天機伺いに出させたほうがよいのでは、と尾張藩主父子に話した。
○今朝京都からの手紙が輔相から廻ってきた。東久世通禧の手紙もきた。
同二十七日曇る

---

(1) 桑名藩への扶助を決め、名古屋、津両藩に桑名藩の調査を命じた(『天皇紀 一』八四六頁)。
(2) 押し寿司。
(3) 午前七時、桑名で白鳥丸乗船、佐屋川を遡行して焼田上陸。佐屋を経て熱田の尾張藩主・徳川徳成(とくがわながなり)別邸が行在所(『天皇紀 一』八四七頁)。
(4) 尾張藩隠居、徳川慶勝(とくがわよしかつ)と藩主・徳川義宜(よしのり)、徳成『人名』六六一―六六二頁)。
(5) 田安亀之助(たやすかめのすけ)。徳川家達(とくがわいえさと)の幼名。慶応四年閏四月徳川宗家を継ぎ、五月に七十万石の静岡藩主となる(『人名』六五七頁)。

○熱田《あつた》宮御参詣
○尾(1)賞せられ今朝召候
御束帯之御単(2)衣被下
○午後御出輦熱田
神田(3)にて秋収
天覧有之候事
○四字過鳴海《なるみ》(4) 御泊へ着
御酒饌被下候九字下ル
同廿八日昨夜中雨宿直
○六時(5)御發
輦チリ鮒(6)御昼にて
　土井淡路守(7)勤王故
　御對面タルキ《ママ》人也
○五字岡崎御泊着
御(8)　酒饌拝味
　真鴨二羽上る
○本多(9)病き《ママ》倅出る

○熱田神宮にご参詣された。
○尾張侯を褒賞のため今朝お召しになり、束帯の下着（下襲《したがさね》）を下された。
○午後にご出輦、熱田神宮神田で稲の収穫の天覧があった。
○四時過ぎ鳴海宿に到着。ご酒肴《しゅこう》を賜った。九時に下がった。
同二十八日昨夜中雨、宿直
○六時にご発輦になり、知立宿でお昼になった。
　刈谷藩主・土井利教は勤王派なのでご対面を許されるべき人である。
○五時岡崎行在所へお着き、お酒とお料理を拝味した。
　真鴨を二羽御前に奉った。
○田中藩主・本多正訥が病気なので、倅が天機伺いに出た。

（1）徳川慶勝（よしかつ）、義宜（よしのり）父子。
（2）『天皇紀 一』八四八頁には「慶勝に下襲（したがさね）一領、徳成に酒肴を賜ふ」とある。
（3）熱田神社の神田。
（4）鳴海宿（名古屋市緑区）、行在所は本陣下郷良之助宅。
（5）『天皇紀 一』八四八頁では「辰の刻」。
（6）池鯉鮒（知立、ちりゅふ）宿。
（7）刈谷藩主・土井利教（どいとしのり）（『補任』二六六頁）。
（8）岡崎行在所は本陣服部専左衛門宅。
（9）田中藩主・本多正訥（ほんだまさもり）。

【史料及び現代語訳】　伊達宗城公御日記

○桑名家老(1)昨夜中島(2)迄
致歎願候處右其侭にて
思召ニて尚又左件々可被
免事
一母(3)子(4)對面
一家中之者城内外居住
一尾津(5)警衛ハやみ取締
丈城ハ両藩ニて御預リ
同廿九日晴宿
○六字過岡崎御發
輦五時《いつつどき》(6)　過御泊吉田へ着
御(7)
○桑藩中人別尾より申出候総
高左の通
　重臣より士分
　　〆人数九百八人
外　又家来

○桑名藩の家老・酒井孫八郎が昨夜中島で歎願書を出したが、藩の宥免はさておき、思召しをもって次のことをお許しなされた。
一　珠光院と定教の対面
一　家中の藩士の城内外での居住
一　尾張、津両藩の占領は止め治安維持だけとし、城は両藩の預かりとする
同二十九日晴、宿直
○六時過ぎ岡崎をご発輦し、午後四時過ぎに吉田に着御された。
○尾張藩が申し出た桑名藩家中の人別総数は左の通り、
　重臣から士分まで
　　〆人数九百八人
その他　陪臣ら

（1）酒井孫八郎（『戊朝敵』一〇四－一〇七頁）。
（2）安部川渡しの東岸。
（3）桑名藩主・定敬（さだあき）逃亡の後を嗣いだ松平定教（さだのり）は光明寺に幽閉。
（4）定教の生母、珠光院。
（5）尾張と津の二藩。
（6）午後四時、『天皇紀一』八四九頁では「未の半刻」。
（7）行在所は吉田本陣中西與右衛門宅（同右書同頁）。

七百三十人
婦人
千七百八人
徒格以下
〆八百壱人
外ニ婦人千九十三
召使小者中間
三百八十人
士分以下
〆八百八十十五人《ママ》
外ニ
千百二十五人
通計七千六百余
右面扶助《めんふじょ》(1)ニして
弐口(2)〆壱ヶ年
一万四千四百五十二石二斗よ

七百三十人
女性
千七百八人
徒格《かち》以下
〆八百一人
他に女性千九十三人
召使小者中間
三百八十人
士分以下
〆八百八十五人
他に　千百二十五人
通計して七千六百余
一人当たり均一の扶持に換算すると、一人に二人分を与えるとして一年間に、一万四千四百五十二石二斗余、

(1) 東北諸藩で飢饉などの際扶持米・切米を中止し一人当たり四合の扶持米を給付し面扶持(めんぶち)と称した(『辞典13』七八七―七八八頁)。
(2) 一人に面扶助の二人分(扶持米の二人分とすると一日一升)。

四免にして三万三千よ

重役
松平帯刀[1]
酒井孫八郎[2]
勢州六万石
昨卯年納高大法
△米三万九千二百石程
此六分[3]
二万三千五百廿石程
右当辰年納高目当
内
五千石当夏砂入
四千百石当春より普請金
残壱万四千四百廿石程[4]

十月朔日晴宿直

四免（六公四民）にすると三万三千余である。

桑名藩重役を松平帯刀と酒井孫八郎として伊勢六万石に減封する。
昨卯慶応三年の収穫高はおおよそ、
△米三万九千二百石ほどだったので、その六割の二万三千五百二十石ほどを今辰年の収穫高の目安にして、
その内五千石が夏の砂入りによる損耗、四千五百石をこの春から普請金として出せば、残りは一万四千四百二十石ほどとなる。

十月朔日晴れ、宿直

（1）藩主親族（http://www.mie-kita.gr.jp/kuwana_han/29.html）。
（2）国家老筆頭として幕末の桑名藩帰順に苦労（一一頁注（1）参照）。
（3）桑名十一万石が六万石に減石されるので六分（六割）として計算している。
（4）正確には一万四千二十石となり、先の面扶助にほぼ見合う。

○七字吉田御立
大河内刑部大輔⑴御對
面参州にて第一等也
○四字過荒井⑵御泊着
御⑶
○三條へ三人⑷より左の両条
申遣ス
○箱根関門謹慎の
小田原にて預居てハ
通御之時不都合故
早々他藩ニ相成度
○守衛供奉藩へ大
隊御紋付旗拝借
ニ付御途中迄相廻
候様
二本備前
壱本宛長加藤

○七時に吉田をご出立。
三河きっての勤王家であった吉田藩主・大河内信古に天皇がご対面。
○四時過ぎに新居宿に着御。
○三条実美へ三人（注4参照）から次の二点を通達した。
○箱根の関門を謹慎中の小田原藩が預かっていては、通御にあたって不都合だから、早く他の藩に替えること。
○守衛として供奉している藩へ、菊の御紋の大隊旗を拝借したいので、途中まで回しておくこと。
備前藩に二本、一本ずつ長州藩と大洲藩の宗家と末家に、因州藩にも。

（1）三河吉田藩主・大河内信古（おおこうちのぶひさ）、刑部小輔（『補任』三四八頁）
（2）荒井宿とも書くが、新居（あらい）宿が一般的か。
（3）新居宿（あらいしゅく）本陣、飯田武兵衛宅（『天皇紀　一』八五一頁）。
（4）岩倉具視、中山忠能と宗城の三人か、具視、宗城、木戸孝允の三人か。

本末(1)因州

同二日晴宿直
○七字御立御乗船(2)九
字舞阪御着
○三字ハマ松へ御泊(3)
○東京前月廿六日夕出立
今日差着補(4)《ママ》相始一席ニ而
事情承る
○去月廿日仙臺開城
謹慎可申筈
主イ
○当春以来の御一新ハ
一二諸侯の専ら取計と
相心得遠隔事情ニウ
トク候より赴候よし
世良修蔵及斬殺

同二日晴、宿直
○朝七時新居宿ご出立、お船で浜名湖渡御、九時に舞阪着御。
○三時に浜松に着御お泊。
○東京前月二十六日夕出立した者が、今日到着。岩倉輔相をはじめ皆々が同席して東北の事情を聞いた。
○九月二十日仙台開城、（藩主父子などの）謹慎を申し渡した筈。
仙台側の主張
○当春からの御一新は、一、二の大名だけがもっぱら取り仕切っていると考え、遠隔のために事情に疎かったためとのことである。
世良修蔵が斬殺されたのは、仙台藩が会津藩を討伐すれば、薩摩藩が背後から仙台藩を襲う云々の書面を手に入れ

（1）宗家伊予大洲藩と末家新谷（にいや）藩。
（2）浜名湖渡御（『天皇紀一』八五二頁）、「今切」の渡しである。
（3）舞阪（まいさか）で小憩。同右書同頁では十二時浜松着御。行在所本陣杉浦助右衛門。
（4）この仙台情報をもたらした人物を特定できない。

候ハ仙より會へ討候得者
薩又仙之背後ヲ可
襲云々之書面手に
入候より發候趣今日
考てハ會之策略
にも可有之や
○官軍ニ加く迄致抗敵
慶邦も承知不致全ク
家老但木土佐始之所
致故同人等主罪五六人
禁固待
天裁居よし
○仙臺武器可差出事
○元徳氏の兵千人余参居
候處仙より兵器為出
謹慎申居候様可取計
よし

たのが、事の発端だったと言う。今考えてみれば会津藩の策略だったかもしれない。
○官軍にこれほどまで抵抗したとは藩主・慶邦も承知しておらず、すべて家老・但木土佐などがやったことで、同人など首謀者の五、六人は禁固となり、天裁を待っている由。
○仙台藩の武器は政府に差し出すべきこと。
○旧徳川の藩兵千人くらいが頓集しているので、仙台藩が兵器を供出させ、謹慎するように取り計らうとのことである。

○福島ニ板倉父子(1)小笠原壱岐(2)徳脱兵千余居候よし

○上の宮仙寺院ニ潜居随従覚王院ハ仙ニて入牢申付宮近日官軍へ引渡可申よし(3)

△米沢モ開城降伏會津庄内へ出兵実効相立可申

敬蔵〔ママ〕(4)　参リ趣意奥羽注目之両藩(5)云々ニ付早々御裁決無之てハ官軍も傲リ居両藩モ未安失機會候ハハ又如上

○福島藩には板倉伊賀守父子、小笠原壱岐守と旧幕府脱走兵千人ばかりがいるとのこと。

○上野宮は仙台の寺院に潜んでいたが、随従の覚王院は仙台藩が入牢に処し、宮様は近日官軍へ引き渡すことになっているとのこと。

△米沢藩も開城降伏したので、会津、庄内両藩へ出兵すれば実効があるであろう。

○香川敬三が来て、その意見。奥羽で問題の仙台と米沢両藩については、早急にご裁決をなさらなければ、官軍の傲慢な振舞いで両藩が安堵に至らず、機会を失すればまた上野の二の舞になりかねず、かつ他の小藩の手本ともなりかねないので迅速に両藩の処

(1) 備中松山藩主・板倉伊賀守勝静（いたくらかつきよ）とその子、万之助（勝全〈かつまた〉）。

(2) 唐津藩世子、小笠原壱岐守長行(ながみち)。

(3) 奥羽越列藩同盟主、輪王寺宮法現親王（上野宮）は九月二日仙台の仙嶽院に入り、十二日以降に伊達慶邦、宗敦父子の降伏論を聞き、二十二日降伏使を亘理の政府軍参謀に派遣（『仙戊史』八〇一―八〇六頁）。

(4) 香川敬三。岩倉具視の帷幄に参じ、東山道先鋒総督の大軍監（『人名』二六二頁）。

(5) 仙台藩と米沢藩。

野一件事も可有之や
且他小藩之目的とも
可相成ニ付迅速被決
度よし
○総督宮(1)三條より奏
聞状並ニ阿波(2)烏丸(3)長岡(4)
通房(5)等建白モ有之
東京見込
　仙臺十万石
　米澤七万石(6)
　各城地共

右明日迄ニ各考可申事
會津父子モ先月廿日
城外へ出降伏可致旨
彼地廿日出立之報告
同廿五日ニ達候よし

分を決せられたいとのこと。
○熾仁総督ならびに三条鎮将からの奏聞と、蜂須賀議定、烏丸東京府知事、長岡軍務官副知事、万里小路参謀などの建白からすると、東京の見込みは、
　仙台藩は十万石に
　米沢藩は七万石に削封
　城とその敷地も含めて

右の件を明日までに考えて答申すること。

会津藩主父子も先月二十日、城外へ出て降伏する旨の、会津からの二十日発情報が二十五日に達したとのこと。

（1）東征大総督・有栖川宮熾仁親王。
（2）徳島藩主・蜂須賀茂韶（はちすかもちあき）、議定（『補任』一三八頁）か。
（3）烏丸光徳（からすまるみつえ）、東京府知事（『補任』一七二頁）か。
（4）軍務官副知事・長岡良之助（護美〈もりよし〉）（『補任』一四三頁）か。
（5）奥羽追討総督府参謀・万里小路通房（までのこうじみちふさ）（『補任』一九一頁）か。
（6）降伏後の仙台藩は十万石に、米沢藩は七万石に削封するとの過酷な情報。実際は仙台藩は二十八万石に、米沢藩は十四万石に削封された（『戊戦』二一〇頁）。

○今夜供奉三等官以上(1)
めし
天盃被下候事
同三日晴宿直
○六字過御發　輦
五字(2)懸(ママ)川(3)御泊へ御着
○刈屋(4)西尾(5)御對面
○奥羽處置仙米之儀
大木(6)六日より御先へ被遣輔相
始之見込可述事
○木戸(7)大木見込大刑典之
律被相定置覆育至
仁之御處置ハ臨機之事
　○仙米共ニ削地移
　　封可然
△跡ハ府にて守兵可備
○首罪(8)一旦断然御

○今夜は供奉の三等官以上を召されて天盃を賜った。

同三日晴、宿直

○六時過ぎ浜松をご発輦。
　五時に掛川行在所へ着御。
○刈谷と西尾の両藩主にご対面。
○奥羽仙台・米沢両藩の処分について大木喬任を六日に先発させて岩倉輔相以下の意見を述べさせること。
○木戸と大木の意見は、確固たる刑法律を定めたうえで、民草を守り育て仁愛あふれるご処置は機に臨んで行う。
　○仙台藩も米沢藩も削地のうえ他の土地に移封が当然
△その跡地は府にして守衛兵を置く。
○首謀者はいったんは必ず他藩に禁固する。

（1）大洲藩主・加藤泰秋も（『天皇紀 一』八五二頁）。
（2）午後五時。『天皇紀 一』八五四頁では「未の半刻」。
（3）掛川（かけがわ）。行在所は本陣澤野彌三左衛門宅（同右書同頁）。
（4）土居利教（どいとしのり）、三河刈谷九代藩主（『補任』二六六頁）。
（5）松平乗秩（まつだいらのりつね）、三河西尾藩主（『補任』二七一頁）。
（6）佐賀藩士・大木民平（おおきみんぺい）、喬任（たかとう）、参与、議事體裁取調掛（『補任』一五一頁）。
（7）木戸孝允（きどたかよし）、参与（『補任』一二九頁）。
（8）首謀者。

預
○東京鎮将之返事下
馬制度之事也
同四日昼後雨宿
○字レ六懸《ママ》(1)川御發輦五
字(2)御泊藤枝《ふじえだ》御着(3)
　○大ゐ川、徳氏にて船
橋懸入費ハ東京より出候よし*
但徳川龜之助明日札の
辻へ拝礼ニ出度よし
同五日晴宿直
○補相《ママ》被出大木民平昼夜
兼行東京へ被遣今日香
川敬蔵《ママ》と同行ニ付惣
督宮鎮将府へ書状出ス
○七字御發程(4)
○岡部御小休候当月三日東

○三条東京鎮将からの返事は下馬制度のことである。
同四日昼後雨、宿直
○六時掛川ご発輦、五時お泊まりの藤枝着御。
　○大井川に徳川藩が舟橋を架けて、その費用は東京政府から出すとのこと。*
ただし徳川亀之助が明日札の辻で拝礼に出たい由。
同五日晴、宿直
○岩倉輔相が出られて、大木民平を昼夜兼行で東京へ派遣を決め、今日香川敬三を同伴するので、総督宮と鎮将宛の書簡を持たせた。
○七時に藤枝をご発輦された。
○岡部でご小休された。
今月三日東京総督府参謀から、供奉の弁

（1）六時。『天皇紀 一』八五四頁では「卯の半刻」。
（2）同右書同頁では「申の刻」。
（3）大井川に静岡藩が架けた橋を渡御し、藤枝行在所本陣村松伊右衛門宅着御（『天皇紀 一』八五五頁）。
＊これらの行（翻刻部二行・現代語訳部三行）は二六頁の衍文(えんぶん)を本来記載されるべき箇所に移したものである。
（4）「発輦」。同右書同頁では「卯の刻」藤枝発御。

京総督府参謀より御
供弁事へ加茂謀使
ニ而左の報告アリ(1)
若松領《ママ》高田表へ屯集
水藩桑名會津旧バク
脱走兵九月廿九日水
府城へ迫り遂ニ水府
及落城追々賊徒相加
リ籠城之形ニ相成是
亦一難事ニ而煩念仕候
依而今般供奉之長州
游撃隊御先越之
御沙汰云々
木戸へ大村(2)より来状早々運
策可申来ル十八日頃迄ニハ
落着可申
○此宿東京より京へ上り候

事へ加茂某が使いで来て次の報告があった。

会津若松ついで越後高田に屯集の水戸、桑名、会津各藩、旧幕府の脱走兵が九月二十九日水戸城に迫って、遂に水戸城が陥落し、次々に賊徒が参加して籠城の形勢になった。これまた一難事で案じ煩っている。

よって今般供奉の長州遊撃隊を先に水戸へ派遣する御沙汰となった。

大村益次郎から木戸への来状に、早速策を回らせ、来たる十八日頃までには落着するとのことだ。

○この宿所には東京から京へ上がる肥前藩兵が昨夜から泊まっていて、隊長が鍋島鷹之助の隊で百人余り、その他に二百人くらいの兵が止宿しているので、場合によってはまた東京へ向かわせても良いので、府中からの報告が来るまで駐屯し

(1) この日有栖川宮熾仁親王より岩倉へ使者があった(『天皇紀 一』八五五―八五六頁)。その使者と同一人物か。

(2) 長州藩士・大村益次郎(おおむらますじろう)、軍務官判事(『補任』一四三頁)。

肥前兵隊昨夜泊居
隊長鍋島鷹之助(1)
隊百人よ外二百計致
止宿居候故赴次第
亦東京へ被差向(2)ても可然
府中(3)より致報告候迄相
控居候様参謀へ申置候
事

○宇都の谷(4)御小休にて秀吉
より亭主へ遣候加ミ古(5)之
陣場羽織(6)為出入
天覧候事

○府中於昼決議
供奉長州急ニ東京
へ可被遣

て待つように参謀に話しておいた。

○宇津之谷峠でご小休になり、かつて秀吉から宿の亭主へ遣わした紙子の陣羽織を出させて天覧に供した。

○府中で昼に決議があった。
供奉の長州藩兵は速やかに東京へ派遣されるべしと。

（1）佐賀藩士、大組頭、三千石（『佐戊史』二五頁）。慶応四年二月鍋島閑叟上京に際し三番組隊長として随従（http://chibasi.net/kyushu32.htm）。十月五日東幸供奉を命じられる（同右書、六二三頁）。
（2）長州藩兵が水戸城へ赴き、佐賀藩兵が鳳輦供奉に就いた（『天皇紀一』八五六頁）。
（3）現静岡市葵区。
（4）宇津之谷峠。
（5）紙子。
（6）現存しているのは胴巻らしい（http://tokaido.canariya.net/1-rene-tokdo/1book/2bu/9ohaoriya_fr.html）。

右今夜御沙汰
　金七百両可被下事
○長代リ肥前兵隊東京迄供奉
之心得ヲ以マリ子より罷越
候様江口国助(1)へ申含
　兵隊百拾二人
　役懸十四人
　　外ニ又者夫六十八人
〆百九十四人

○會津主従降伏状出
　重役
　萱の権兵衛
　梶原平馬
　内藤介右ヱ門
　原田對馬
　山川大蔵《おおくら》

この件は今夜命令が出た。
　金七百両下賜されるとのこと。
○長州藩兵の代わりに肥前藩兵が東京まで供奉の心づもりで鞠子から当地に来るように江口国助に申し含めた。
　兵隊百十二人
　役係十四人
　　他に陪臣の人夫六十八人
〆百九十四人

会津藩主従が降伏の書面を出した。
　重役は、
　萱野権兵衛、
　梶原平馬、
　内藤介右ヱ門、
　原田對馬
　山川大蔵、

（1）佐賀藩士。鍋島鷹之助隊軍事係（http://chibasi.net/kyushu32.htm）。宗城が近縁の鍋島藩兵と相談して長州藩兵と佐賀藩兵との交替がスムーズに行われた。

海名《ママ》郡治
井深茂右ヱ門
田中源之進
倉澤右兵衛

松平容保家来重役
並ニ内政ニ預者
越前、　三条
備前　　阿州
大久保

松平容保父子(1)　紀州へ
御預ケ
○「尾州可然　阿州長岡(2)
大久保
右供奉議参モ○印の
方可然と談候

海老名郡治、
井深茂右ヱ門、
田中源之進、
倉澤右兵衛。

松平容保の家来・重役ならびに内政に関係した者どもについて、
三条実美は越前藩預けを主張し、蜂須賀茂韶と大久保一蔵は備前藩を主張。

松平容保父子は紀州藩へお預け。
○尾張藩預けが至当と蜂須賀、長岡、大久保が主張。
右の件について他の供奉の議定や参議も
○印の方が良いと話している。

（1）父、松平容保（かたもり）、子、容大（かたはる）。
（2）長岡良之助。

會藩男女
　婦女子五百七十五人
　奥女中六十四人
右二人扶助
　兵卒の外下々に
　至者六百四十六人
　又者四十二人
　鳶の者二十人
右無構無心違様各々
可勤産業
　　士分以下兵隊
　　　千六百九人
右百日謹慎尚二人扶助
　士分以上兵隊
　役人
　軍事治官共

会津藩の男女数は、
　婦女子が五百七十五人
　奥女中六十四人
これらの者は二人扶助が必要。
兵卒のほかの下級兵士六百四十六人
陪臣が四十二人
　鳶の者二十人
この者どもには扶助はなく、おのおの心
得違えのないように生業に励むように。
　士分以下兵隊は、千六百九人
右は百日間謹慎させ、二人扶助を与える。
　士分以上の兵隊
　役人
　軍事担当役人ども

右追て何分之
御沙汰迄二人扶助
　病院
手負軽我人(1)の儀ハ敵我の論ナク頼み依ルベキ処ナキ者ハ不愍ニ被思召候依て精々令療養平癒之後各々其基ニ可令帰旨
御沙汰候事
右書付木戸へ大村より廻(2)

｛
○大ゐ川、徳氏にて船
橋懸入費ハ東京より出候よし
同朩五日晴宿直
○六時御立
富士よくみゆる
｝*

○夕七字江尻《えじり》(3)へ着御
○長兵明朝清水港乗船のはつ
○肥兵今夜着

右の者は追って何分の命令があるまでは二人扶助を与える。
　病院
手負い、怪我人については敵味方にかかわらず、頼る拠り所のない者は不憫に思召されてできるだけ療養させ、平癒のあとはそれぞれその出身地に帰らせる旨の御沙汰があった。
右の趣旨の書面が大村から木戸へ来た。

○夕七時江尻に着御。
○長州藩兵は明朝清水港 から乗船の筈。
○肥前藩兵が今夜江尻に着いた。

(1) 怪我人。

(2) 大村益次郎から木戸宛書簡に書かれた病院倫理規則にはウィリスの影響がある（『ウィリス』三六八—四三二頁）。

* ｛ ｝内の五行は衍文で前半二行は二〇頁へ、後半三行は二七頁へ移した。

(3) 五日江尻着。行在所は本陣寺尾與右衛門宅（『天皇紀 一』八五六頁）。

同~~六~~五日晴宿直(1)
○六時御立
　富士よくみゆる *1
○徳臣服部綾雄(2)へ補中《ママ》
一同逢御道筋行届
且同人数大儀申聞られ候
○龜之助東京へ出候様
御沙汰也
○跡にて自分逢候也
~~同七日夕少々雨宿直~~
~~○木字御發輦~~
~~○木~~時(3)
○徳大寺越休業昨日之返事出す
○長岡(4)より別便着即答出す
○夕五字前吉原《よしわら》御着(5)
同~~七~~六日夕晴(6)~~夕少々雨~~直
○拂(7)冨岳御眺望皆々

同六日晴、宿直
○六時江尻をご出立
　富士がよく見える。
○徳川旧臣、服部綾雄に輔相一同が逢われ、お道筋の世話が行き届き、かつ兵士の苦労を労われた。
○徳川亀之助（家達）が東京へ出るように御沙汰があった。
○後で私も亀之助に逢った。
○徳大寺と春岳が休み、昨日の返事を出した。
○長岡から別便が到着、直ちに返事を出す。
○夕五時前吉原着御。
同七日晴、夕少々雨、宿直
○朝六時吉原をご出立。夕方五時に三島へ着御。*2

---

(1)「六」が抹消されて「五」に訂正されているが、「六」が正しい。
(2) 沼津藩出身、横浜ヘボン塾で英語を習得。のちに牧師、教師、政治家。この時駿府徳川家へ出ていたか。
(3) 誤記・衍文や記事の抹消は記載時の混乱を示している。
(4) 長岡は長岡良之助か、そうであれば仙台関連の手紙に即答をしたのか。
(5) 行在所は本陣長谷川八郎兵衛宅（『天皇紀 一』八五六頁）。
(6)「七」が抹消されて「六」となっているが、「七」が正しい。
(7) 拂（はらい）は原宿の誤記（『天皇紀 一』八五七頁参照）。

詠歌被仰付候事
○六字御發輿*
○ふじ河徳氏にて懸ル
費東京より出候よし難解

○江川太郎左ヱ門へ書付被
仰出候此三ヶ条七日夜之
御沙汰也(1)
同人家皇礼連続當春
速ニ順逆相辨精忠之
赴ニ付云々御紙入被下候(2)
○松下嘉《ママ》兵衛(3)へも
御賞書下ル
○徳川龜之助へ数日領
分御通幸萬事行
届神妙被
思召候御書付

○原駅で富士山をご眺望になられ、皆々に富士の詠歌の提出を命じられた。
○徳川藩が富士川にも架けた橋の費用を政府より出す由、解せない。

○江川太郎左衛門へ賞状を出すよう指示が下った。次の三カ条が七日夜に御沙汰になった。
江川家は朝廷尊崇の家柄で今春も速やかに順逆を明確にし、精忠なるとのことでお紙入れを下賜された。
○旧幕臣、松下加兵衛にも賞状を下げられた。
○徳川亀之助に数日間領内ご通行に際し万事行き届き、神妙に思召されたとのご書面が下され、服部綾雄にはお菓子を賜った。

*1 二六頁の衍文三行をここに移した。
*2 この二行は二九頁の上段原文五、六行の現代語訳を移動した。時系列の混乱を正すためである。

*衍文で現代語訳はない。

(1)「此三ヵ条」以下「御沙汰也」までは筆書きで後からの追記。三ヵ条とは、江川、松下、亀之助への褒賞。
(2)『天皇紀 一』八五八頁。
(3) 同右書同頁には「旧幕臣松下加兵衛重光」。

綾雄くわし被下候
~~同八日晴宿直~~
~~○暁五~~
同七日晴夕少々雨宿直*1
○朝六字(1)吉原御立夕五
字(2)三島へ着御*2
前三ヶ条被仰出候事
○越後より軍務参謀為
伺来ル
大村益次郎より弁事へ飛書
差越当月三日水城苦戦
終賊徒及散亂候由也
同八日晴宿夕少々雨
○暁五字前御發輿函
嶺無御滞御越輦夜
七字小田原着御(3)
箱根湖にて江川属吏へ

前述の三ヵ条（江川、松下、亀之助）への賞状が下された。
○越後から軍務参謀が伺いのためにやって来た。
大村益次郎から弁事へ急ぎの書簡が来て、今月三日水戸城攻略で苦戦となるも、ついに賊徒は散乱逃走したとのことである。
同八日晴、宿直、夕少々雨
○暁《あけ》の五時前三島をご発輿。箱根の山を滞りなくご越輦され、午後七時小田原に着御。
天皇の希望で江川（太郎左衛門）家来に芦ノ湖の水禽を撃たせ、小羽白が一羽獲れた。

*1この一行は衍文で天候記事のみ二七頁に移し、現代語訳はない。

（1）『天皇紀 一』八五七頁では「卯の半刻」。

（2）同右書同頁では「申の刻」。三島本陣樋口傳左衛門宅に着御。

*2この二行の現代語訳は二七頁に移動。

（3）早暁から箱根を無事に越え、小田原本陣清水金左衛門宅に着御（『天皇紀 一』八五九頁）。

御沙汰小羽白(1)一羽所務ス(2)
同九日晴宿直
○朝七字御発輿
　○神奈川○判事○権
　伺事ニ付出
○夕三字(3)大磯へ着御
○同所濱ニて供奉兵隊々
長司令官教導之内一
中隊より二人ツヽ撰出的打(4)
且手く里阿み(5)なと
天覧あり
宗城備前侍従(6)大洲(7)山内
兵之助(8)も發砲セリ
○冨田鑛之助抔(9)仙臺
より帰り事情承る
　經丸(10)自書
　一門家来歎願書

同九日晴、宿直
○朝七時小田原をご発輿。
　○神奈川権判事が伺いのことで出てきた。
○午後三時大磯に着御。
○大磯の浜辺で、供奉の兵隊、隊長、司令官、教導隊の一中隊から二人ずつ選出し、鳥の群れを射撃させたり、手繰り網などの天覧があった。
宗城、岡山と大洲の両藩主、山内兵之助も射撃に加わった。
○冨田鑛之助などが仙台から帰り、事情を聞いた。
　経丸の自筆手紙、
一門、家来の嘆願書を冨田が持参。

---

(1) 鴨の一種。
(2) 天皇が銃猟を見たがり、木戸が江川に命じて芦ノ湖のみずどりを撃たせた（『天皇紀 一』八五八頁）。
(3) 『天皇紀 一』八五九頁では「午の刻」、行在所は大磯本陣小島才三郎宅。
(4) 的は巌上の群鳥だったが、一羽も的中しなかった（『天皇紀 一』八五九頁）。
(5) 地引き網を打たせて獲物を天覧に供した（同右書八五九―八六〇頁）。
(6) 岡山藩主・池田章政（いけだあきまさ）、議定心得、東幸供奉（『百官』一九九頁）
(7) 大洲藩主・加藤泰秋（かとうやすあき）、

右持参
外ニ総督府より大隊の
旗相達候事
同十日くもる宿直
○七時過御發輿
○三時御泊藤沢着御[1]
○斎右ヱ門[2]参ル
○丁抹国王[3]より馬具到来
◎仙臺鑛之助帰候
ニ付不取敢弁事へ
為達候也
◎大《ママ》政官へも可届事
◎仙臺一門家老より
両殿[4]へ出候歎願書
補《ママ》相へ内々差出ス

仏より明日拝礼所へ陸兵

ほかに総督府から、依頼していた大隊旗
が届いた。
同十日曇、宿直
○七時過ぎ大磯をご発輿。
○三時にお泊りの藤沢に着御。
○井関斎右衛門が来た。
○デンマーク国王から馬具到来。
◎仙台から冨田鑛之助が帰ってきたので、
とりあえず弁事に報告させた。
◎太政官にも届けなければならない。
◎仙台藩の一門家老から藩主父子に出さ
れた嘆願書を輔相に内密に差し出した。

仏国が明日拝礼所へ陸兵隊を出すと南

東幸に随従した。
(8) 山内容堂実弟、容堂の病中を代行。
(9) 御近習・冨田鑛之助は御長柄頭・玉田貞一郎、平士・市村鐙次郎とともに、朝廷の追討令と宗城書翰を届けるために、八月末か九月上旬に入仙。終戦工作に多大な貢献をした(『仙戊史』七五六—八一二頁)。
(10) 宗城次男で仙台藩主養子、伊達宗敦(むねあつ)の幼名。宗敦の役割は『叢書⑥解説』に詳述。

(1) 行在所清浄寺(『天皇紀 一』八六一頁)。
(2) 宇和島藩士・徴士・井関斎右衛門(いせきさいえもん)、盛艮(もりとめ)、外国官判事(『補任』一四六頁)。

隊差出候よし貞介(1)罷越申出候ニ付路せまく不都(2)の赴ヲ以断候様申遣ス
○供奉兵隊へ御旗御借下為取計候也
○三條へ西城且出仕の唱方問ニ付返事遣ス
同十一日くもる宿直
○今暁斎右ヱ門出今日英米よりも兵隊出し候由尚神奈川より申越候よしニ付仏同様断候様もし六ケ敷候得ば為出囲の内ニ列シ候様可取計旨申遣ス
○横港居合之軍

貞介が来て報告したので、道路が狭くて不都合だとの理由でお断りするように申し遣わした。
○供奉兵隊にお旗お貸し下げを取り計らわせた。
○三条実美が西の丸ならびにそこでの勤務の表現法を聞いてきたので返事を出した。
同十一日曇、宿直
○今暁斎右衛門が来て、今日は英米からも兵隊を出すとのことを神奈川から言ってきたので、仏同様断るよう、もし難しければ、出させたうえで内囲いの中に整列させるよう取り計らうようにと申し遣わした。
○横浜停泊の各国軍艦が芝生村の通輦に合わせて祝砲を打ちたい意向なので、応砲ができず礼を失するとの理由で断

---

(1) 南貞介（みなみさだすけ）、外国官権判事。『御日記③』三頁注（3）参照）。
(2) 不都合。
(3) クリスチャン九世。
(4) 仙台藩主・伊達慶邦と世子宗敦（『仙戊史』八〇九―八一二頁に詳しい）。

艦より芝生《しぼふ》村通(1)
輦を考致祝砲
候よしニ付應砲不行届(2)
敬礼ヲ失候処にて可断
強て申立候ハヽ為打跡
にて判事より挨拶為
取計候事ニ決ス
○公使ハ拝礼ニハ不出由
○五藩(3)隊長よひ兵
隊礼式申示置候
○七時過て御發輦也
○五字過神奈川着御(4)
○御通幸芝生村辺へ各
国人此間より之通り拝見ニ
出候事
○程ケ谷御出輦被為在候
處昨夜懸合置時刻ハ

るべく、しいて申し立てれば打たせた後で判事からお礼の挨拶を取り計わせることに決した。
○公使は拝礼には出ないとのこと。
○五藩の隊長を呼び（外交団に対する）兵隊の礼式を申し示しておいた。
○七時過ぎてご発輦となる。
○五時過ぎに神奈川に着御。
○芝生村あたりのご通幸拝見に、各国人が先に示した規定通りに出ていた。
○保土ケ谷を出輦あらせられたが、昨夜相談しておいた時刻は三時から　四時頃と通知していたのに、ご通幸が二時過ぎとなり、英仏兵隊が揃っていないと鮫島から報告があったので、保土ケ谷宿にさしかかった時に主上がお小用の催しが在らせられたりして、あれこれ少々猶予遊ばされたので、そのことを私が先行して英公使などに会って説明した。

（1）神奈川宿と保土ケ谷宿の間。ここで英仏軍隊が鹵簿（ろぼ）に拝礼する予定だった（『天皇紀一』八六三頁）。
（2）同右書同頁では神奈川砲台が答砲したことになっている。
（3）長州・大洲・備前・高知に宇和島の各藩か。
（4）『天皇紀　一』八六二頁には「申の刻」、神奈川行在所は本陣石井源右衛門宅。芝生村で英仏軍隊、外国人らが鹵簿を拝し、横浜港の各国軍艦が祝砲を打ち、神奈川砲台が答砲した（同書八六二―八六三頁）。

三字より四字頃也と申候處
御通幸二字過故英仏
兵隊不相揃よし鮫島(1)より
申出候故棒端《ぼうばな》(2)　御小用の
御催も被為在旁少々御猶
豫被為在自分御先へ参
英公使始逢候事
○土州大ズタイ長より右
ニ付存慮申出補相《ママ》より
事実被申聞候都合也
○中島(3)云御マク持候もの
外国人婦人へ戯言《ざれごと》申懸
候処高官心得有之ものハ
取合不申其処へ手先参
候故厳敷しかり済候由
　右手付名元尋置候也

○土佐藩と大洲藩の隊長からこの件について意見具申があったので、岩倉輔相から事の次第を言い聞かせるつもりだ。
○中島が言うには、幔幕を持つ係の者が外国婦人をからかうのに、高官の者は取り合わない。そこへ中島の手先の者が通りかかったので、厳しく叱って治まったとの由。
　この手先の名前を聞いておいた。

(1) 薩摩藩士・鮫島尚信（さめしまなおのぶ）、外国官権判事（『補任』一五一頁）。
(2) 宿駅のはずれ。
(3) 中島信行（作太郎）か。

【史料及び現代語訳】　伊達宗城公御日記

寺島(1)云副知官事も
無之(2)公使〳〵應接甚
不都合小松(3)参候迄ハ東
久世の事不致吹聴よし
同十二日晴宿直
○補《ママ》相昨日御途中御見
合の事ニ付(4)進退被相
伺以
思召不及其儀早々勤
務可致旨被　仰出々勤也
○七字神奈川御立
○四字過品川御着(5)
○東京詰議定参與
判事等伺
天氣《ママ》ニ出候也(6)
同十三日晴
○七字過御出輦(7)

寺島が言うには（行事の混乱があったのに）、外国官副知事もいなく、各公使などへの応接が非常に不適切だった。小松が来るまでは東久世の転出は発表しない由。

同十二日晴、宿直

○岩倉輔相が、昨日鳳輦拝観を中止したことで進退伺いを出したが、その儀には及ばないとの思召しゆえ、早々勤務するように仰出られたので、出勤となった。

○七時神奈川宿出御。

○四時過ぎに品川宿着御。

○東京在住の議定、参与、判事などが天機伺いに出た。

同十三日晴

○七時過ぎにご出輦され、有栖川宮と三条実美がお迎えに出られた。

（1）薩摩藩士・寺島宗則（陶蔵）、参与、外国官副知事（『補任』一四六頁）。

（2）この時外国官知事は宗城、副知事は東久世通禧と小松帯刀だったが東久世は十月十七日付で転出が決まっていた（『補任』一四五頁）。

（3）薩摩藩士・小松帯刀（清廉）、参与、外国官副知事（『補任』一四五頁）。

（4）昨日、外国人への鳳輦拝観の機会をなくしたこと。

（5）『天皇紀　一』八六三頁では「未の半刻」。品川行在所は本陣鳥山金右衛門宅。

（6）同右書同頁では東久世通禧、長岡護美、大久保一蔵、大木民平ら。

帥宮(1)三條御迎ニ被参事
○増上寺御小休無程御發輦楽奏御途中ハナシ(2)
○呉服橋内へ奥州より帰候兵隊薩藝両藩之兵布列御輦中より
天覧有之事
○五字行宮へ着御(3)倍
御機嫌能恐悦奉存候
補《ママ》相始定《ママ》議御祝儀申上候
○六字八丁堀邸へ着ス
同十四日晴
○昨夜中井弘蔵(4)よりサト(5)手紙ヲ以英公使(6)明日十二字より一字頃迄ニ自分東久世(7)ニ逢度よし泉岳寺辺外国館へ参可逢旨返答為致

○増上寺でご少憩のあとご発輦。途中では楽奏はなし。
○奥州から凱旋した薩摩・芸州両藩兵隊が呉服橋に整列しているのを、鳳輦の中からご覧になった。
○五時に旧西の丸の行宮へ着御。益々ご機嫌麗しく恐悦に存じ奉った。輔相はじめ議定がご祝儀を申し上げた。
○私は六時に八丁堀屋敷（伊予吉田藩邸）に到着。
同十四日晴
○昨夜の中井弘蔵報告。アーネスト・サトウからの手紙で、英公使が明日十二時から一時頃までに、私か東久世に逢いたいとのこと。泉岳寺近くの外国公館へ出向いて逢う旨を返答させておいた。

（7）『天皇紀 一』八六五頁では品川を「板輿」で出御し、増上寺から「鳳輦に乗御」。

（1）有栖川宮熾仁親王。
（2）「伶人道楽（れいにんみちがく）を奏し」たのは和田倉門から（『天皇紀 一』八六五頁）。「道楽」の読みは中野幡能「平安時代における社寺の雅楽」。
（3）『天皇紀 一』八六五頁では「未の半刻西城に着御」。
（4）弘（ひろむ）。薩摩藩士だったが宇和島、土佐両藩と関係が深かった（「歴う10、11号」に松根圖書に提出した自伝的履歴書その他がある https://almus.iic.hokudai.ac.jp/databases/x10804/）。

置候事

〇仙領海投錨舩左の

通のよし

開陽丸　回天　長鯨

千代田　大江　長崎

同所へ脱留姓名

小笠原壱岐事(1)

山中静翁

板倉い賀事(2)

徳山鶴翁

松平太郎(3)

人見勝太郎(4)

榎本和泉(5)

林昌之助(6)

渋澤精一郎(7)

春日左ヱ門(8)

〇仙台藩領海に投錨の旧幕府の船は

次の通りとのこと。

開陽丸、回天、長鯨

千代田、大江、長崎

仙台を脱出した氏名

小笠原壱岐こと

山中静翁

板倉伊賀守こと

徳山鶴翁

松平太郎

人見勝太郎

榎本和泉

林昌之助

渋沢成一郎

春日左ヱ門

(1) 小笠原長行（おがさわらながみち）、唐津藩世子、元老中（『補任』二七頁）。

(2) 板倉伊賀守勝静（いたくらかつきよ）、備中松山元藩主、元老中（『補任』二七頁）。

(3) 幕臣、元陸軍奉行並（『補任』九六頁）。

(4) 幕臣（同心）、遊撃隊士、箱館戦争参加。

(5) アーネスト・M・サトウ。慶応三年末に函館領事に昇進したリチャード・ユースデンの後を襲って書記官に栄進（『外交官下』九七頁）。

(6) ハリー・S・パークス。

(7) 東久世通禧、外国官副知事兼神奈川県知事（『補任』一七三頁）。

九月廿日仙臺世子(1)中村へ罷出四條卿(2)へ謝罪申述(3)廿一日帰国のよし

同廿七日肥後先鋒斥候城下ニ着ス(4)至て静寧也

右長岡左京亮(5)より為知候

○夕三字行宮へ参内御對　面御祝酒被下候御内儀非常之時のため三條輔相議定中拝見スル

同十五日

○国九月初之飛脚達ス京朔日立大西(6)持参也

○十二字出門高輪外国館(7)へ参

九月二十日仙台藩世子が中村へ行き四条卿に戦争の謝罪を申し述べて、翌二十一日に帰国したとのこと。

同二十七日には熊本藩が先鋒として、青葉城下に到着、城内は非常に静穏だった。

以上長岡良之助が知らせてくれた。

○午後三時に行宮に参内、天皇に謁してお祝いのお酒を頂戴。非常の時であるから行宮には三条、輔相、議定のみが拝謁した。

同十五日（西暦一八六八年一一月二八日）

○九月初の国からの飛脚が来た。京を一日に発った大西登が持参。

○十二時に邸を出て高輪の外国官公館へ行く。

○東久世、町田、森、中井、都築が列座し、

（5）榎本武揚（えのもとたけあき）、幕臣、元海軍副総裁、蝦夷島総裁。のち海軍卿、逓信・農商務・文部・外務大臣を歴任（『人名』一六七頁）

（6）林忠崇（はやしただたか）、元請西（じょうざい）藩主、脱藩して旧幕遊撃隊と東北戦争参加（『人名』七九七頁）。

（7）渋沢成一郎（しぶさわせいいちろう）、渋沢栄一のいとこ。箱館戦争に参加したが、のちに経済人として成功。

（8）幕臣、上野戦争のあと箱館戦争参加。

（1）宗城次男、宗敦。

（2）四条隆謌（しじょうたかうた）、奥羽追討平潟口総督（『人名』四七九頁、『補任』一九〇頁）。

【史料及び現代語訳】　伊達宗城公御日記

○東久世町田[1]森[2]中井都築[3]
列坐英公使ミットホルト[4]
サトウ一席應接左の通
○[5]此頃本国へ便り有之処
奥羽など最早平定にて
候や
答　此節致平定候
東久より
少々宛浪士の戦争ハ有之
ヘシ併シ宇和島申通大段[6]
平定申候
○然ハ各国公使へ其事被仰
告度（ここより筆書き）[7]左候ハヽ局外中立ヲ廢
シ可申候
答
承知申候一昨日
皇帝着御ニ付尚政府にて

英国側はパークス公使、ミットフォード、サトウが出た。応接の次第は以下の通り。
○英本国への報告が必要なのだが、奥羽はもう平定したとしていいのだろうか。
答　この度平定しました。
東久世が追加、
少しはまだ浪人どもの反乱はありましょうが、宇和島侯のおっしゃるように大方は平定しました。
○それなら、各国公使へその事情を公告されたい。そうすれば、各国は局外中立を止めるでしょう。
答
承知しました。一昨日天皇が着御されたので、なお政府として評議したうえで近いうちに布告しましょう。

（3）宗敦と熊本藩が仙台藩の帰順に尽力したことは『伊達宗徳公日記』解説参照。
（4）熊本藩を先鋒とした新政府軍は二十八日に入仙（『仙戊史』八一二—八一三頁）。
（5）この記事からも宗城と長岡良之助とが提携していたことが伺われる。
（6）大西登、宇和島藩京都藩邸公用人。
（7）新装なった外国官公館（『外交官 下』二二五頁）。

（1）薩摩藩士・町田久成、民部、外国官判事（『百官 上』二五一頁）。
（2）森有礼か。『外交官 下』二二六頁で「毛利」となっている人物と思われる。

評議の上不日可及布告候

○此度奥羽之者とも寛大之御處置候や

答

左様可相成候

○世《ママ》久世公にハ御覚も可有之先日モ申立候通これハ全ク御懇親にて御為を《ママ》存候故申上候追々長崎切支丹の御處置四千人計を夫々諸所へ御預にて厳敷難儀いたし候様被使候よし各国政府にて承り甚不平ニ存シ候一体新政府の御處置ハ徳川家の時より此事ニ至甚不宜候實懇親ヲ結候なら各

○そうなれば奥羽の敗者どもに寛大なるご処置がなされましょうか。

答

そうなるでしょう。

○東久世公にはご記憶があるでしょうが、先日も主張したように、これは全く日本のためを思って友好上申し上げるのですが、長崎のキリシタン処置は、四千人ほどをそれぞれ各藩に預けて厳しく苦しめていると各国政府から聞いており、非常に不平に思っています。いったい新政府のご処置はこのように徳川時代よりもずっと悪いのです。誠実に友好関係を結ぶのなら、各国政府が納得するように、世界万国の人情を考慮して処置されなければ、お国のためによくありません。幸い今回ご東幸もあらせられて、大赦もそのうちに仰出になるのですから、今禁固の者ども

（3）中井は中井弘、都築は宇和島藩士・都築荘蔵だが、『明政鉄』九七頁では神奈川県外国官権判事（静岡藩士）となっている。

（4）アルジャーノン・ミットフォード、アタッシェ（『外調報 2010/No.2』一三頁）、英国公使館一等書記官。

（5）以下の会談では、○は英国側発言、「答」は宗城。

（6）おおよそのところ。

（7）以下、会議終了までの記述は宗城の手による筆書きである。

国政府にて御尤と存候
世界万国之人情ヲハカリ
御處置無御坐候てハ御為に
不宜幸此度御東行
も被為在大赦も追々被
仰出候故当年禁固の
者共も被免度
朝敵すら寛大ニ相成候故
旁被仰付度是ハ別て
御内々なから赦免之儀各
国政府より可申立と
追々申来居候処其時可被免
者ナラ不申立内ニ被
仰出候方御国之御為又各国
にて満足可申云々
　或風聞にてハ百人余蒸
き船にのせ長崎沖ニ海

も赦免にしてほしい。朝敵すら寛大になさるのだから、こちらの方もそうしてほしい。これはとりわけ内密の話ですが、無罪放免を各国政府がその内に申し立ててくるでしょうから、その時に赦免するくらいなら、その前に仰出になるのがお国の為になり、各国も満足するべく云々。

ある風聞では百人ばかりを蒸気船に乗せて長崎沖の海に沈めたらしいと各国で流布しております。

事実、百五、六十人ばかりを処置されたことは、私どもも承知していますが、最初に四千人ほどを処置する意向と聞いていましたので、各国外交団は、百人ばかりと言う長崎の話を信じていないのです。

ニ沈たるよし各国にて
申流し候事実百五六十
人計御處置候事ハ
私共承候得共はしめニ
四千人計を處置有之
赴ヲ承居候故各国にてハ
信シ不申候

答
能く分候親切之段忝尚
政府へ申述置候
○東久世公へ横濱にて
金札被施の事ニ付国
民より追々申立こまり候故
何卒近日故金札の訳を
御講釈被下度一体何
事も被行候以前に其
訳能〱ワかり候様被仰聞

答
よくわかりました。ご親切に有難うございます。政府へ通知いたしておきます。
○東久世公への要望ですが、横浜で新金札の通用が始まって、国民からいろいろ申立てが出て困惑していますから、なにとぞ近日中に金札制度について解説していただきたい。だいたい何事も実施する以前に前もってその内容がよくわかるように公布してから施行されるようなされば行われやすく、良いことなら秘密にしておく理由もないでしょう。
東久世から
その調査は追々当地でもやってますので、なおまた話し合いをいたしましょう。
○新潟開港問題を議題にする。

其後御施し候得は被行
やすく能き事なら秘
ノ訳無御坐候
東久より
追々当地にてモ其調有之
候故尚可申談候(1)
○新潟開港の事申
六十九年第一月一日からハ
多分開き可申実ハ役人
撰遣候處揃兼候也
公使云
何連正商遣し度海路
ハ此頃より不宜可相成御役
人被遣候ハゝ陸路同行願度
答
夫ハ差支不申候
○御門《みかど》当地へ着御ニ付当

（東久世）一八六九年一月一日からは多分開港しますが、派遣する役人が集まらないのですよ。

公使言う

いずれ公式な商人を派遣したい。最近は海路は危険なので、お役人派遣の時に陸路同行をお願いしたい。

答（宗城）

それは差支えありません。

（宗城）天皇が東京へ着御されたので、この春に参内がすんでいない公使各位にはそのうちに参内を申し付けられましょう。

（1）これは宗城の発言。

春参内不相済公使〳〵ハ
其内参内被申付候
公答
私儀モ是非参内可申幸
国書モ参居候故御都合の
宜敷時御沙汰可被下候
○後藤中井へ国王より金刀
賜候儀[1]達
叡聞厚き取扱の事
御満足之旨申達候様
との事也
答
御懇之御沙汰畏リ候早々
国王へ申遣事[2]

同十七日
○十字参内八景の間臨

公使答える。

私もぜひ参内いたしたい。幸い女王陛下の国書も来ていますので、ご都合の良い時にご連絡下さい。

（宗城）後藤と中井に女王陛下から洋剣が贈られたことは叡聞に達し、手厚い扱いにご満足あらせられたことを伝達するようにとの御沙汰がありました。

公使答
お懇ろの御沙汰畏まりました。

早速女王陛下へ報告します。

同十七日
○十時参内。八景の間に臨御があった。

（1）二月三十日参内途上のパークス一行を襲った朱雀操の首を中井弘と後藤象二郎が刎ねた。それを称えてそれぞれに英女王より剣が贈られた。

（2）ここまで宗城直筆の筆書き。

御氷川宮武蔵国惣鎮
守[1]近々奉幣使遣され
当月末にハ
行幸可被為在由
○諸政総て御親裁可被
遊旨御書付拝見也
○十五日英公使對話奏
聞御国内平定の布告ハ
夫々公使〳〵及吹聴可然
旨御評決相成候事
右文案當官にて調候
様補《ママ》相被命候事
○新潟開港東京開京
彼の第一月一日我十一月十九日
の處決着する
同十八日
○十字参内

氷川宮を武蔵の国の総鎮守として近々奉幣使を遣わされ、今月末には行幸在らせられる由。
○諸政すべてを天皇みずからご裁許遊ばされる旨の書類を拝見した。
○十五日の英公使との対話を奏聞した。国内平定の布告は、各国公使宛にそれぞれ通知するのが良いとのご評決となった。
その文案は外国官で整えるように輔相から命じられた。
○新潟開港と東京開京は西暦の一月一日我が十一月十九日と決着した。
同十八日
○十時参内

（1）新政権は祭政一致を目指して、氷川神社を武蔵国鎮守勅祭社と定めた（『天皇紀　一』八六九頁）。

仏モントフロー[1]」治部助[2]来る第
四字也
○新公使参内之時委任
　帖入　天覧度よし
○ハマ御殿等出入勝手ニ出
　来候様いたし度赴ニ付尚
　可申談其上可答と申置
○阿州より廻状八景間臨
御三条右府辭退ニ付
鎮将府可被廢[3]關東十
三州ハ大政官《ママ》より管轄尤
御東幸中ハ於東京御所
置可被為在旨
　但附属有司モ被免更ニ
　抜擢可被仰付旨
右無異存や御垂問ニ付
無存寄旨書入長岡へ

仏書記官モントベッロと通訳官デュブスケが四時に来た。
○新仏公使参内の折に仏政府の委任状を天覧に供したいとのこと。
○浜御殿などの出入りを自由にできるようにしたいとの趣なのでなお検討したうえで答えると返答。
○蜂須賀侯よりの回状連絡によると、八景の間に天皇の臨御があり、三条右大臣が辞任し鎮城府は廃止、関東十三州は太政官の管轄となる。もっともご東幸中は（天皇が）東京でご措置在らせられるとのこと。
　ただし、鎮城府の官吏も罷免されるが、さらに抜擢して仰付られるとの旨である。
右に異存がないかとのご垂問なので異存はないと書き入れて、長岡良之助へ廻した。

（1）仏公使館書記官、グスターヴ・ルイ・ランヌ・ド・モントベッロ伯爵（「外調報2010/No.2」一二頁）。
（2）仏公使館通訳官、アルベール・シャルル・デュブスケ（同右書一三頁）。
（3）七月十七日江戸を東京、鎮台を鎮城府と改め（『史要』七七頁）、十月十八日鎮城府廃止（『天皇紀 一』八七一頁）。

廻ス
○仙臺へ出雲(1)冨田(2)遣候
内意今日補《ママ》相聞置
二付申付候事
同十九日
○十字出仕
○今朝申越仏公使代第一
書記官モントブロー通詞治部助
来問　重書
○仏公使参内之時委任
状入　天覧度よし
○濱御殿云々
○鎮将府三條辭退也
被免且被廢候事
同廿日
○昨夜御用召弁事より申来ル
○十字参内

○仙台へ桜田出雲、冨田鑛之助を派遣した。
今日岩倉輔相に私の内意を伝えておいたうえで、派遣を申し付けたのである。
同十九日
○十時に外国官へ出仕。
○今朝申し込んできた仏公使代理第一書記官モントベッロと通訳デュブスケが来訪して重要書類を提出。
○仏公使参内時に委任状を天覧に供したいとのことである。
○浜御殿云々の件。
○鎮将府廃止となり、三条辞任。本人は免ぜられ、府は廃止ということである。
同二十日
○昨夜弁事から御用召しの連絡があった。
○十時参内。

（1）宇和島藩家老・桜田出雲。十月二十日京都出立（「備忘筆記」十月十八日、二十日記事）。
（2）冨田鑛之助は十月九日大磯で宗城に仙台事情を報告（本日記三〇頁）、折り返し出雲に従って入仙した。

○八景間下段にて三条
右府より
議定被
仰付外国官知事兼
勤可致事
任権中納言
叙従二位
○鎮將府附属役人
被免候事
○備前(1)長岡(2)議定心得被
免本官ヲ以東京へ勤候様
御沙汰候事
○土中(3)より議事惣裁被
仰付候所不平の事件陳述
三条へ相話置候
○會津父子御預其外如左
決議

○八景の間下段で三条右大臣から、議定、外国官知事兼任を仰付けられ、権中納言、従二位に叙すとのお書付が下された。
○鎮将府の所属官吏も罷免になった。
○備前藩主・池田章政と長岡良之助の議定心得は解かれて、それぞれ刑法官副知事、軍務官副知事として東京で勤務するよう御沙汰が下った。
○容堂土佐中納言は議事総裁を命ぜられたが、これを不平と私に陳述したので、三条に話しておいた。
○会津藩の容保父子その他預け先を次のように議決した。

（1）備前藩主・池田章政（あきまさ）、刑法官副知事（『補任』一四六頁）。
（2）長岡（細川）護美（良之助）、軍務官副知事（『補任』一四三頁）。
（3）権中納言・山内容堂。

肥後(1)ハ　筑前
若狭(2)ハ　久留米
　福山(3)
二本松(4)　厩橋(5)
○両補《ママ》へ退出より廻勤
○游龍(6)面會
同廿一日
○御馬(7)ニ付参内可致処御断
　申上候事
○山口範蔵(8)来ル
　惣町中酒肴被下の話スル

○仙臺壱人(9)帰
　四條付参謀にて先鋒
　河田佐久馬(10)寺島秀之助(11)等
　取計手ぬるくとて再
　武器吟味等いたし候ニ付

松平容保は筑前藩
松平定敬は久留米藩
板倉勝静、丹羽長国は前橋藩
○退出後三条、岩倉両輔相へ挨拶に回る。
○兄の山口直信が来て逢う。
同二十一日
○天皇の乗馬訓練があるので参内しなければならなかったが、お断り申し上げた。
○山口範蔵が来た。
すべての町々に酒肴を下されたと話した。

○仙台から一人帰ってきての報告。
四条平潟口総督の先鋒参謀・河田佐久馬、寺島秀之助などが今までの（仙台藩への）取扱いが手ぬるいと、再び武器類の点検を始めたので、またまた仙台藩士の疑惑を招き、人心が動揺した

（1）前会津藩主・松平容保。『人名』九二〇頁では因州池田家に預けられた。
（2）前桑名藩主・松平定敬。『人名』九二一頁では尾張藩に預けられた。
（3）前福山藩主・板倉勝静（かつきよ）は安中藩に禁固(『人名』八四頁)。
（4）前藩主は丹羽長国。
（5）前橋藩、厩橋藩とも言った。藩主は松平直克(まつだいらなおかつ)。
（6）宗城長兄、山口直信。
（7）天皇の乗馬訓練。
（8）尚芳（なおよし）、佐賀藩士。外国官判事試補（『人名』一〇三二頁、『補任』一四六頁）。
（9）玉田貞一郎ではないかと思われる。
（10）鳥取藩激派、河田景與（かわたかげとも）。

又々藩人疑懼動揺申候所
よふか也おさまり候よし
申出候事
○駿府人道中取扱之事
○大隈八太郎[1]出崎の上遂吟
味昨夏英水夫両人及殺害
候人物
筑前福岡藩
伴　新
狂亂ニて　金子才吉
自殺相果
右之節連十壱二人有之
候赴
土州　亀吉米利幹船
九月五日出崎九日京着
同廿四日[2]
○ハークスより宗屋難船の

が、十月八日頃には収まったと申し出た。
○静岡人の旅行中の取扱いについて。
○大隈八太郎が長崎で取り調べたところ、昨年の夏の英国水夫二人の殺害犯人は、
筑前福岡藩士
伴　新
気が狂った金子才吉は自殺して果てた。
その時連れが十一、二人あったようである。
土佐の亀吉はアメリカ船で九月五日長崎を出て九日着京した。
同廿四日
○パークスから、宗谷海峡で英国軍艦が遭難したときに念入り極まる取扱いを

大総督府下参謀として奥州相馬口へ出張（『百官』二〇二頁）。
(11) 長州藩士・寺島秋介（てらじまあきすけ）。奥羽鎮撫総督府参謀（『人名』六四五頁、『百官』一八〇頁）。

(1) 後の大隈重信、この時外国官判事（『補任』一四六頁）。

(2) 二十二、二十三日の記事は書かれていない。

節至念の取扱英ニて
深致喜悦候故砲器ヲ
朝廷へ差上度よし申越候也(1)

来ル廿七日氷川宮御参詣
供奉被　仰付候事

同廿五日

○還幸御留守議参諸政
西京へ傳達亦臨時處置
之為詰方被　仰付候ニ付左の
面々早々下向以急檄申遣候
両補《ママ》相被申聞及文通候事
　正三卿(2)副島(3)青山三岡(4)
右議定中へ申遣候事

同廿六日

蘭公使より委任参

受けて深く感謝しているので、砲機類を朝廷へ献納したいと言ってきた。

来る二十七日氷川宮ご参詣の供奉を仰付られた。

同廿五日

○還幸にあたって京都お留守の議定・参与に施政方針を伝達。また臨時処置もあるので、以下の人々を京都詰めとして下向を仰付られ、至急便を下すように、両輔相が申されて書達した。
　正親町三条、副島種臣、青山、三岡八郎。
以上を議定に通達した。

同廿六日

オランダ公使から参内して委任状を天覧

（1）宗谷海峡で遭難した英国軍艦の救助に対する感謝状と同艦備品贈呈をパークスが宗城に申し出た。（『大維綱』明治元年十月二十二日記事）。

（2）正親町三条実愛（おおぎまちさんじょうさねなる）、議政官上局議定（『補任』一三七頁）。

（3）副島種臣（そえじまたねおみ）、参与（『補任』一三九頁）。

（4）三岡八郎（みつおかはちろう、由利公正）、参与（『補任』一三四頁）。

内天覧二入度彼の一月二八
致帰省候故其前拝
謁願敷赴申越候故我
十一月中旬頃可相成と回
答為出候事
○仏モントブロー来民部大輔(1)
明後廿八日頃帰朝の由
本国より申来候赴也

同廿七日晴
○民部大輔の事東久にて
亀之助公務人可申事
○八字過御出輦供奉
○五字過浦和へ御着
同廿八日直宿
○七字過御出輦十字過
一宮氷川御参詣被為済

に供したいとのこと。西暦一月には帰国するのでその前に拝謁を希望しているようなので、旧暦十一月中旬頃になるだろうと回答させた。
○仏公使モントベッロが来て、徳川昭武が明後二十八日頃に帰朝すると本国から通知があったようである。

同廿七日晴
○昭武のことは東久世から徳川家達の公務人に連絡すること。
○八時過ぎご出輦に供奉した。
○五時過ぎ浦和に着御された

同廿八日宿直
○七時過ぎご出輦十時過ぎに一宮氷川神社ご参詣済まさせられた。歩行《かち》で供奉した。

(1) 徳川昭武（あきたけ）、左少将。パリ博覧会出席後ヨーロッパ留学を続けていた（『人名』六五五頁）。

候事歩行供奉
○昼休大宮より御先へ浦和へ参リ近邊殺生いたす無獲物
○御前ニて酒頂戴
同廿九日
○六字被發浦和四字還行也
○箱館英岡士(1)横濱ニ参回陽丸同行ニて箱港ヲ可致襲撃旨右ニ付公使より早々東久と此方との内ニ逢度よし昨夜東久出港の赴
同晦日
○参朝八景の間へ臨御

○お昼休みに、お先に大宮から浦和へ出て狩猟をしたが、獲物はなかった。
○御前でお酒を頂戴した。
同廿九日
○六時に浦和を発せられて、四時に還幸された。
○函館の英国領事が横浜に来て言うには、回陽丸同行で函館港を襲撃する旨である。この事について英公使から私と東久世のどちらかに逢いたいとのことである。東久世は昨夜出港したようである。
同晦日
○参内する。八景の間に臨御された。

(1) コンスル(consul)、領事。

○金札一件評議

十一月朔日

○腹痛ニ付不参

○仙臺より庄や隠居[1]帰る

廿七日父子共出立[2]のよし

同二日

○東久昨夜帰リ候也

○今日モ所労ニ付不参

同三日

○今日モ不参

○小松昨夜着ス三澤[3]来

○暮頃来ル

○各国条約取調の

事申談候

○三澤新潟へ遣候事

同四日

○徳寺[4]より正三[5]東下の返事

○金札の件について評議した。

十一月朔日

○腹痛で参内せず。

○仙台から元庄屋の市村が帰った。

二十七日に仙台藩主父子が仙台を東京に向けて出立したとのことだ。

同二日

○東久世は昨夜帰京した。

○今日も体調が悪く参内せず。

同三日

○今日も参内せず。

○小松が昨夜着く。三沢が来た。

○暮れ頃に来た。

○各国との条約調査のことを三沢と話し合った。

○三沢を新潟へ派遣すること。

同四日

○徳大寺から正親町三条が東下するとの返事が来たので三条右大臣に廻した。

（1）元庄屋だった宇和島藩士・市村鐙次郎。庄屋職を譲って脱藩していたのを隠居と表現。

（2）伊達慶邦、宗敦父子が十月二十七日に仙台を発足、十一月十日に入京（「備忘筆記」）。

（3）三沢揆一郎。外国事務管掌のために新潟へ出張（http://trc-adeac.trc.co.jp/WJ11E0/WJJS06U/0120205100/0120205100100020/ht010820）。

（4）徳大寺実則。

（5）正親町三条実愛。

来三條右府へ遣す

同五日

○快ニ付今日より参
朝スル

○国廿九日立達ス
前大御前様(1)十七日より御不例
御捌兼追々御疲労被為
在不安心のよし申来候ニ付為
看病暫時御暇奉願候処
早速御暇被下置候事

○昨夕出雲着す

同六日

○参朝

○東久帰り候事應接

○箱館並ニ奥羽處
置之事

○御處置向並ニ賊徒

同五日

○体調が戻ったので今日から参内する。

○二十九日国発の飛脚便が来た。
前《さき》の大御前様が十七日から体調を崩され、手当の甲斐なく、次第に疲労が募らせられ、安心できないと言ってきたので、看病のためしばらくのお暇を願ったら、早速お暇を下された。

○昨夕桜田出雲が帰ってきた。

同六日

○参朝する。

○東久世が帰ったので応対する。

○函館と奥羽諸藩の処置について。

○処置の仕方および賊徒の寛大処置か否か、政府の見込み如何。

（1）伊達宗紀夫人、宗城の養母である。

寛大否政府見込
○切支丹徒　大赦
何連大赦ニハ相成候得共
京師へ引合中
○金札の事
○東京開市
来ル十九日より
○新潟開港
三沢機《ママ》一郎(1)並ニ附ソク
として税則心得候小吏
両三輩遣度其節
英岡(2)士も同伴中度由
○各国公使参上之事

於山里御馬見所《ごばけんじょ》御
對面御乗馬拝見御相手
乗馬

○キリシタン大赦の件、いずれ大赦にはなるにしても、京都の朝廷に問合わせ中。
○金札の件。
○東京の開市は来る十九日から。
○新潟開港で、
三沢揆一郎に税則が分かる小吏を二、三人つけて派遣したい。その際英国領事も同伴したい由。
○各国公使参内の件。

旧二の丸山里の御馬見所でご対面し、陛下のご乗馬を拝見。お相手として私も馬に乗った。

(1) 三沢揆一郎、新潟の次に箱館裁判所の外国事務を管掌。
(2) 領事。

御直々兼て願上候アラビヤ
鹿毛被下置候事

昨夜仙士来ル
　伊達将監(1)
　大條《おおえだ》孫三郎(2)
　遠藤文七郎(3)
　大内主水(4)

同七日
○箱館府取戻談ジ文
　官遣事
○五字出帆八字着横濱(5)
同八日
○九字裁判所へ會合
○~~廿五六日之間~~二日後各国人参
　内之事

かねてお願いしていたアラビア産の鹿毛《カゲ》を直《じか》に下賜くださった。

昨夜仙台藩士が来た。
　伊達将監
　大條孫三郎
　遠藤文七郎
　大内主水

同七日
○函館府を取り戻す会談に文官を派遣すること。
○（宗城が）五時東京を出帆、八時に横浜着。
同八日
○九時横浜裁判所で会合。
○二日後に各国人（各国公使ら）が参内する。

（1）水沢領主。一万六千石。奉行（家老）として伊達慶邦の信任が厚く、恭順派として終戦に導いた（『仙人物』二三〇―二三三頁）。
（2）坂元領主。四千石。尊王攘夷派の奉行として佐幕派に敗れたが、仙台降伏の時に復活して、終戦、戦後処理に当たった（同右書七〇―七二頁）。
（3）川口邑主、千八百三十三石。尊皇攘夷激派奉行として閉門。戊辰戦争後復活して拘囚の藩主父子を護衛し、新政府と交渉して有利な終戦処理を図った（同右書六四―六七頁）。
（4）西郡邑主、千二百九十七石。尊攘派参政として活躍（『宇和島伊達家叢書⑤』一七―

○十九日より開市開港
文通可申事

○切支丹の事甚六ケ敷結局
日本政府之獨權計ヲ
以難決候故返答及延引
候訳且厳酷ナル事ハ不致
赴以書翰各国公使可申遣と
決ス
○箱館へ範蔵被遣候事各
国船便ノ事ハ不承知ニ付
此方より遣候事ニ決ス

同九日
佛公使(1)へ　十字より
フロイス(2)、イタリヤ(3)　十二字迄
蘭(4)　二字より
米(5)　三字迄

○各国に十九日から開市開港の通知をすることになった。

○キリシタン問題はなはだ難しく、結局日本政府の権謀だけでは決しがたいので、外国側への説明も遅れているが、厳酷なことはしない旨の書簡を各国公使へ送付することに決した。
○函館に山口範蔵を派遣する。そのための外国船便が分からぬので、外国官から派遣することに決めた。

同九日
仏公使は十時から
プロシアとイタリアは十二時まで
オランダは二時から
アメリカは三時まで

一八、四九―五一頁、『仙人物』六八―六九頁）。
（5）宗城はしばらく帰国するので、山積する外交問題に目鼻をつけるため横浜に出た。

（1）フランス公使、マキシミリアン・アンジュ・ウートレー Maximilien-Ange G. Outrey（『外史典』七〇頁）。
（2）プロシア公使、フォン・ブラント Max August Scipio von Brandt（「外調月 2010/No.2」一一頁）。
（3）イタリヤ公使、ドゥ・ラ・トゥール Comte Sallier de la Tour（同右書一五頁）。
（4）オランダ公使、ファン・ポルスブルック Dirk de Graeff van Polsbroek

出府　切支丹　孟決極(1)
右公使〳〵ヘ談判孟ノ事
は米ハ除キ追て

◎外国官知事之印ハ
東久ヘ可相渡事(2)
佛ヂヒットワー(3)来ル
○英公使来談
○奥羽諸藩処置
○切支丹寛典(4)各国ニ
公ヘ早々布告
○開港市同様
十一日迄ニ可申達と答
○東京ヘ大《ママ》政官残候や(5)
○海軍士雇入ハ当年
帰シ亦頼候ハ於政府
不都合ニ付熟談にて

出府して、キリシタン、孟決極について公使たちと個別に談判する。孟のことはアメリカを除いて遠からず。

◎外国官知事印は東久世へ手渡すこと。
仏人プティ＝トゥアールが来た。
○英公使が来て以下の話をした。
○奥羽諸藩の処置の件。
○キリシタンに対する寛典を各国公使へ早急に布告する。
○開港・開市も同様に十一日までに通達すると回答。
○東京に太政官は残るのか。
○海軍教官を今年帰国させ、また雇うのは政府としても不都合なので、よく話し合ってひき続き雇うかどうか決めるのが良いと思うとのこと。

（「外調月2010/No.2」一四頁）。
（5）米弁理公使・ヴァン・ヴォルケンバーグ Robert B. Van Valkenburgh（同右書七頁）

（1）不明。
（2）宗城の帰国留守中東久世に貸与。
（3）ベルガス・デュ・プチ＝トゥアール Bergasse Du Petit-Thouars。堺事件の時のデュプレー号艦長。
（4）寛大な処置。
（5）パークスの質問である。

雇候方可然と存候よし
今日各国公使談決
○切支丹寛大吹聴
○開港市
△孛(1)ハ今不致承知も
宜一年位ハのひ可然
△切丹の事も日本へ開ク
等ハ不宜敷唯厳酷
ナル取扱無之様と存候
○参府廿二三両拝礼無支
○米水夫と孟一条承知

同十日
○山範蔵(2)着ス
○仁和宮奥州口出張

今日、各国公使と以下の件を会談のうえ取り決めた。
○キリシタンに対する寛大方針を通達。
○開港・開市について、
△プロシアは今承知しなくてもよく、一年くらいは延びてもよい。
△キリスト教も日本に布教するのは良くないが、ただ残酷な取扱いがないようにと思っている。
○二十二、三両日参府して拝礼は差支えなし。
○米公使は水夫と孟の一件を承知した。

同十日
○山口範蔵が函館から帰着した。
○仁和寺宮が奥州口へご出張。

(1) プロシア、プロイセン。
(2) 山口範蔵。

○五島ニて三十日前
十月十九日頃
カシワ島　久サガ島(1)
三十七計と四十人計(2)
○小松(3)治療願三ヶ月程
代大隈八太郎
○四字乗船七字帰邸(4)
同十一日
○對岳卿(5)へ参る
○仙藩万石以上ハ
朝臣可被
仰付
○仙城付二十万石(6)
○奸臣両人(7)割腹
○跡政務可任人才
誰〱
右様相成候ハヽヲサマリ

○三十日前の十月十九日頃に五島列島の柏島、久賀島にそれぞれキリシタン三十七人くらいと、四十人ばかりを島流しにした。
○小松が三ヵ月ほどの治療願いを出した。代りは大隈八太郎である。
○四時に乗船し、七時に帰邸。
同十一日
○岩倉卿へ参殿する。
○仙台藩の万石以上の家臣は朝臣《あそん》に仰付られる。
○仙台城を付け、藩地は二十万石に減石。
○主戦派の奸臣二人は切腹。
○降伏後藩政を任せる人物は誰某。
このようにすれば治まるだろうと考えられているので、実に実に寛大なご処置感銘悦服するであろうと存じる。

（1）柏島は上五島町、久賀島（ひさかじま）は五島市にある。これらの島々で、残酷な迫害が繰り返されたが、迫害は明治六年まで続いた（『五島』一〇一－一二九頁）。
（2）これらの数字を裏付ける史料は不明だが、それぞれ両島での牢死者数と思われる（同右書同頁）。
（3）小松帯刀の病状は高村直助『小松帯刀』二五二－二七三頁に詳しいが、狭心症と重症痛風腫瘤の感染などか。
（4）宗城が横浜から東京へ帰った。
（5）岩倉輔相。
（6）最終的には二十八万石（『戊戦』二一〇頁）。
（7）但木土佐と坂英力。共に筆頭奉行。

可申と被考候よしニ付
実〳〵寛大之御處置
感銘悦服可仕と存候

同十二日
○岩養生
○民部参内如何
○丁抹謝礼
○脇屋有助○上田事萩の
○前島来助(1)徳川臣
○仙参謀林半七
○七過出門馳馬暮前
小船にのり沖ニ出候所
更英不見得外船ニ
為尋候得共不知
赴ニ付又品川より上り
空腹ニ付所々茶や尋候

同十二日
○岩倉が養生。
○徳川昭武の参内はどうか。
○デンマーク謝礼。
○脇屋有助、○上田事萩の
○前島来輔、徳川臣。
○仙台藩参謀林半七。
○七時過ぎ邸門を出て、騎馬で暮れ前に小船に乗り沖へ出たが、さらに英国船が見えない。別の船に尋ねても知らないようなので、また品川から陸に上がり、空腹なので所々茶屋を訪ねたが、夜の十時も過ぎていて断られ、ようやく十一時頃に邸《やしき》へ帰った。

(1) 来輔、後の密(ひそか)。刻苦勉励し洋学を学び、兵庫奉行支配調役(『人名』八九三頁)。

得共四過故断よふく
四半頃屋敷帰る

同十四日
○英迎船よふく四過《よつつすぎ》回
着のよし上のり着(1)申出候
△昨朝公使より證書渡
方遅延其上ケイトル(2)
湧立手間取昨四頃
入船のよし

同十五日「○船号アデリアン(3)」
○九字出立金松(4)より出船十一字
アデリアンへのる
○十二字過出横スカ泊

同十六日夕晴
○五字過出船夕六字下田へ
泊ス頗動揺

同十七日滞船

同十四日
○英国の迎え船がやっと十時過ぎに回着した由。乗り継ぎを申し出た。
△昨朝公使が乗船証書を渡すのが遅れ、そのうえ蒸気釜が沸くのに時間がかかって昨夜十時頃入港したそうだ。

同十五日「○船名はアデリアン号」
○九時出立、金松から小船に乗り十一時アデリアン号に乗った。
○十二時過ぎ出港し、横須賀泊。

同十六日夕方晴
○五時過ぎ出航、夕方六時下田に着く。
下田に碇泊。よく揺れた。

同十七日船に留まる。

(1)「乗り継ぎ」か。
(2) ケトル、蒸気機関の釜。
(3) 宗城はこの時、士分三十人、刀差七十人、小者四十三人を連れていた(『乙95達仰出留・東京日記』)。
(4) 品川にある船着場。

同十八日
○三字出舶風波ニ付亦
　戻り下田へ投錨
同十九日
○暁五字出舶迎風船動
　揺甚敷
同廿日
○昨日より航海八字頃より帆一ツ
　懸横波也
○鳥羽之沖より風波シヅ《ママ》マル
同廿一日
○通紀阿土海
同廿二日
○土領より御庄沖通航五過
　着御順快恐賀〳〵
同廿三日
○箱館出兵一条承（十四日起り）

同十八日
○三時に出船したが風波強く、また下田
　に戻って投錨。
同十九日
○暁けの五時に出船、向い風で船の動揺
　が激しい。
同二十日
○昨日から航海しているが、八時頃から
　は帆一つ掛けで航行。横波を受ける。
○鳥羽沖からは風波が静まった。
同二十一日
○紀州、阿波、土佐の海域を航行。
同二十二日
○土佐領から御荘沖を通過、五時過ぎ宇
　和島着。（前の大御前様は）順調で恭賀
　至極である。
同二十三日
○宇和島藩兵箱館出兵の一件を聞いた。
　（この件は）十四日起こった。

同廿五日
○治左ヱ門[1]為上京出立する
○下野[2]

晩冬[3]十日達
○東京海内粗平定ニ付
大廟へ被為告候為メ
当月初旬
御出輦尚明春再ヒ東
京へ被為入候よし
右ニ付大阪へ着直〱上京
可致旨十一日別便立る

十二月十三日暁
○迎船大阪より達
○十六日十一字出船三字ハナ[4]
廻「船名アーゲス[5]」船将グラバ

同二十五日
○河原治左衛門上京のため出立。
○下野

十二月十日　東京からの通達が到着。それによると、
○新政府によって東北もだいたい平定されたので、先帝廟に報告のために、今月初旬にはご出輦あらせられ、明春再び東京へ入られるとのことだ。
それならば、宇和島から大阪へ出て、直接上京すると十一日に書簡を出した。

十二月十三日暁
○迎船が大阪から到着。
○十六日十一時出航し、三時に佐田岬を廻る。船名は「アーゲス」、艦長はグラバ。

（1）宇和島藩士・河原治左衛門（かわはらじざえもん）。目付、百三十石（『由緒下』三七〇頁）。
（2）伊能下野（いのうしもつけ）（吉見長左ヱ門）を出兵歎願の使者として朝廷へ派遣することを計画（「大扣 冬」）。
（3）旧暦十二月。
（4）佐田岬の先端。
（5）慶応二年に宇和島に来たアーガス号か。

同十七日夜第二字西の宮沖へ
着海面クラク碇泊
同十八日
第七字過出船八字保山港へ
着
○東京より御用候故早々出候
様被仰出候故不及上京直ニ
可相廻旨大政官より被
仰出候よし
○阪邸へ一字着一旦上京
と決ス
○大隈来ル五大《ママ》(1) モ同様
○夜五半時カミサシ(2)ニのる
同十九日
○十時淀へ着無程乗馬
二字京着
同廿日

同十七日夜二時西宮沖に着く。
海面暗く、碇泊する。
同十八日
朝七時過ぎに出航して、八時に天保山港に着船。
○東京からご用があるので早々出てくるようにとの指示で、京都に寄らず直ちに東京に向かうようにと太政官から指示があったとのことである。
○大阪の宇和島藩邸に一時着。いったんは入洛と決定。
○大隈八太郎、五代才助が来た。
○午後五時半の淀行き川船に乗る。
同十九日
○十時淀に着く。すぐさま騎馬で出立。
京都には二時に着いた。
同二十日

(1) 五代友厚（才助）。
(2)「上指」、すなわち淀川の「上り船便」のことか。

○例刻参　内
○ハコダテ事情申述越より
モ承ル
○同廿一日例刻参　内有馬[1]面会
○兵部卿宮[2]より秋田稲人参り
　屋敷ノ争也　　変名安富国民
同廿二日
粟田にて御待受申上夫[3]より参
内四《よつ》過着
御々《ママ》對面御祝儀申上候
○岩補《ママ》始東京にて自分
　船のもよふ不相分あんし候由
同廿三日
○泉陵[4]へ拝参
同廿四日
○例刻参内於小御所御對

○例刻に参内した。
○箱館一件の事情を開陳し、春岳からも
　意見を聞いた。
○同二十一日例刻参内、軍務官副知事・
　有馬頼咸に会う。
○兵部卿宮から秋田稲人が来た。屋敷の
　ことについてである。変名は安富国民
同二十二日
粟田で鳳輦を待ち受け、それから参内。
午前十時過ぎに御所に着御。
天皇に拝謁ご祝儀を申し上げた。
○岩倉輔相はじめ東京では私の旅程がわ
　からず心配していたとのこと。
同二十三日
○天皇に随従して泉陵へ参拝。
同廿四日
○例刻参内。小御所で拝謁。

（1）久留米藩主・軍務官副知事、有馬頼咸（ありまよりしげ）か。

（2）制度としての兵部卿は明治二年七月からであり、嘉彰親王だとすると軍務官知事である（『補任』一四三頁、一五九頁）。ただし、慶応四年三月に旧官の兵部卿に任命されているので（『百官』一一二頁）、宗城はそれを慣用したか。

（3）天皇の京都還御を諸官とともに、粟田口の青蓮院で奉迎した（『天皇紀　一』九三四頁）。

（4）皇室の菩提寺だった泉涌寺。背後には孝明天皇の後月輪陵がある（http://www.mitera.org/institution/tukinowaryou.html）。

顔
○明年三月上旬御再
幸赴次第御船
○大政官被移候
○中宮(1)同断女房(2)不残御供
伺ノよし
○諸大名二月上旬東上會議
○各国中立ヲトク(3)「岩補《ママ》談
判当月廿八日ト決候よし右
ニ付切支丹の事申出スよし
○英仏ニより榎本等より書面
出シ候よし(4)
○静寛院宮(5)明早春御上京
○切支丹の事ヱゾへ移候事
評議尚小原石斎(6)へも明日
相尋候様被申聞候事
同廿五日　不参

○来年三月上旬の東京ご再幸のご予定は海路をとる。
○太政官も移動する。
○中宮も同様で、女官は残らずお供の伺いを出したそうだ。
○諸大名は二月上旬に上京して会議。
○各国が中立を解いた。岩倉輔相の外交談判は今月二十八日と決まったとのこと。その時にキリシタン問題を申し出る由。
○英仏公使を介して榎本釜次郎が北海道開拓を願い出た。
○静寛院宮は来早春にご帰京になる。
○キリシタンを北海道へ移送する件を評議したが、なお小原石斎の意見を明日聞くように指示があった。
同二十五日参内せず。

（1）皇后。
（2）女官。
（3）局外中立の解除は十二月三日（『天皇紀一』九一四―九一五頁）。
（4）同右書九二九頁。
（5）和宮親子（かずのみやちかこ）内親王、徳川家茂夫人。
（6）長州藩士・小野石斎、述信（じゅつしん）、萩では心学を教授（『人名』二五〇頁）。「稲村の火」で知られる紀州広川で漢学を教えたらしい（https://www.town.hirogawa.wakayama.jp/inamuranohi/inamuranohi/pdf/h2611.pdf）。

○大隈小原来ル
同廿六日
○切支丹信仰人ヱソへ移候手順
取調候様
○石斎東京へ同行心得
同廿七日
○例参」徳(1)不参

小野石斎
右東京へ御用ニ付可下
江州清涼寺
雪爪(2)
右同様ニ付早々上京

○洋行　西園寺(3)柳弁(4)
○諸矦人物
○大隈副知四位(5)

○大隈と小原が来た。
同二十六日
○キリシタン信者を北海道へ移送する手順を取り調べるよう命じた。
○石斎を東京に連れて行くつもりだ。
同二十七日
○例刻参内。徳は来なかった。

小野石斎
右東京へご用につき下るべし
江州清涼寺
雪爪
右同様につき早々上京

○洋行希望者　西園寺公望、柳原前光
○諸侯の人物の評価。
○大隈を四位の外国官副知事に。

（1）徳大寺実則か。
（2）禅僧、後に神官。鴻雪爪（おおとりせっそう）。太政官に盛んに建白している。キリシタン問題にも関係か（crd.ndl.go.jp/reference/modules/d3ndlcrdentry/index.php?page=ref_view&id=1000014320）。
（3）西園寺公望、新潟府知事（『補任』五九頁）。
（4）柳原前光（やなぎはらさきみつ）、右小弁（『人名』三八四頁）。宗城女婿。
（5）十二月二十七日付で辞令が出ている（『百官』六六頁）。

同廿八日
○御入内立皇(1)参賀
○大隈副知四位
◎箱館歎願書(2)
同廿九日
○歳末参内

明治二己巳元旦参賀拝
龍顔候事
○後宮於御三の間議定
中因長共三役左ニ謁ス
大典侍《だいてんじ》(3)　長橋(4)　大御乳人《おおおちのひと》(5)
夕刻　節會《せちえ》(6)　侍坐
同二日
参賀　天盃頂戴末
廣一本被下
来ル四日　政《まつりごと》始ニ付

同二十八日
○ご入内立皇参賀。
○大隈の四位副知事
◎箱館一件について嘆願書を出す。
同二十九日
○歳末の参内。

明治二己巳元旦参賀して竜顔を拝した。
○奥御殿の御三の間で議定のうち鳥取と長州の藩主と三役が左記の女官に謁した。
大典侍、長橋局、大御乳人
夕方、節会に侍坐した。
同二日
参賀天盃を頂き、扇一本下された。
来る四日政始につき

（1）この日一條美子の入内、女御宣下、皇后冊立が執り行われた（『天皇紀 一』九四一－九四二頁）。
（2）箱館出兵を懇願する「歎願書」は「大扣冬」十二月一日に収載。
（3）女官を統括する役。
（4）長橋局（ながはしのつぼね）、大典侍と御常御殿の事務を取り仕切った。
（5）本来は天皇の乳母を指すが、高級女官の呼称でもある。
（6）元日の節会。

【解説】

御日記　明治元辰六月より十一月迄　在京

―宇和島・仙台伊達家戊辰戦争関連史料 その三、東幸供奉日記―

近藤　俊文・水野　浩一

この第七集（『御日記⑤』）から本来の宗城日記に帰るわけであるが、本日記が前集の『伊達宗徳公在京日記』がカバーした期日と整合的に連続しているわけではない。そのうえ第五集解説一〇三頁でも触れたように、手帳の皮表紙には宗城自筆で「明治元辰六月より十一月迠」とありながら、実際は九月二十日から始まって、断続的ながら明治二年正月二日で終わっている。[1]

また、多忙をきわめる日常の備忘のメモ帳として使用され、後で手を入れて整理しているところもあって、メモにありがちな混乱による日付の変更や、些細な間違いなどがみられる。

一　宗城の東京行幸供奉

『御日記③』は明治元年九月二日で終わっているが、本『御日記⑤』は九月二十日の東幸出輦当日にまったく新しく書き始められている。そのことは、宗城が東幸供奉に並々ならぬ意欲をもってあたっていた傍証になっているように感じられる。

宗城は若くして柳営大広間の国持ち大名の間で頭角を現したが、直接朝廷と関係ができたのは、遅く文久二年の奉勅上京からである。そのいきさつは「奉蒙 御内勅上京始末密誌 一」[2]に詳しいが、要点だけをかい摘まんで記すと、①きっかけは島津久光と三条実美が主導した幕政改革に対応する朝廷の革新にあった、②宗城のスカウトにあたったのは大原重徳《しげとみ》だったが、背後に近衛、ひいては薩摩藩の思惑があったと推察される、③求められたのは、宇和島藩の経済力や武力ではなく、宗城個人の能力であった。このことは記憶にとどめておいていただきたい。

宇和島は外様であり、藩祖を藤原氏伊達政宗とする矜持が代々尊皇思想を育んできた歴史があった。[3] 文久二年の末に勅命の御沙汰書の写しに接した宗城は、「嗽盥奉拝読不覺感涙数行[4]」とまで感激しているのだ。井伊大老によって不本意な隠居を強いられた鬱憤を朝廷と結びつくことで一挙に払拭できるとも読んでいたはずだ。

明治元年、新政府軍の勝利がほぼ確実となって、奥羽越列藩同盟の諸侯までもが、新政府権力が確立しつつあることを実感していたこの時点での東幸のプロパガンダ効果を、新政府首脳は冷静に計算していた。[5] 輔相・岩倉具視が示した東幸案の一条には、「當職供奉ハ議定ニテ中山卿山内侯宇和島侯、参與ニテ木戸大木、辨事ニテ坊城千種秋月田中等可被仰附哉、山内侯ハ海路先著被仰附候[6]」とあり、中山は天皇の外祖父であるので別格として、山内豊信は別行動をとっているので、宗城が天皇近侍の唯一の議定として指名されているのである。『御日記③』(『叢書⑤』)に書かれた二月から閏四月までの大阪行幸で、明治天皇に身近に奉仕する経験をもった宗城は、まだ少年とも見える天皇が新生日本の元首になることに期待をかけた。一方で天皇は頼りになる近臣としての宗城を意識したのではないだろうか。そんな宗城を見て、岩倉は指名したのではないかと想像されるのである。

さっそく行幸二日目石部《いしべ》宿で、宗城は上、中、下の生育度の稲を摘み取って天覧に供したうえで、「君見マセ五月ノ雨ノフリスキテカリ穂ノ稲ノトリ實スクナキ[7]」の一首を献じて実物教育をしている。

宗城は東幸供奉を目下の最大関心事としたが、議定として、外国知官事として、なかんずく仙台・宇和島両藩の戊辰戦争処理の責任者としての用件をこなしながらの供奉となった。

日記中に「宿直」または「宿」とあるのは、宗城が行在所で宿直をした日である。それは二十三日の旅行中十七日と半数以上を占めている。その意気込みが知れようというものである。

二　仙台藩降伏処理と宇和島藩―桜田出雲の斡旋

本日記での戊辰戦争に関する記事の初見は遅く、十月二日である。その日、奥州から帰参したと思われる人物から仙台降伏・開城などの最新情報がもたらされた。しかも、「補相始《ママ》一席ニ而」と最高幹部がじかに「事情承る」のであるから、この人物は高位の者にちがいない。宗城は意図的にその人物の名を秘しているようだが、宇和島藩にその人を求めるとすれば、状況的には桜田出雲以外に適当な人物が思い当たらない。出雲は宗城の意を体して余燼のまだ燻ぶる仙台に潜入して、仙台伊達家一族のために苦労した人物であるから、後先になるけれど、彼の事蹟についてまず触れておく。

桜田出雲が明治三年に書いた履歴控には、明治元年九月二十日、つまり東京行幸の初日に仙台で慶邦に謁見して、「刀一口《ひとふり》時服《じふく》[8] 二ツヲ賜與」されたとある。[9] だが、はたして出雲はこの時点で仙台往復が可能だったのか。

出雲の日記「備忘筆記」では、八月中は越後口《えちごぐち》出兵の準備、ついでその中止による京守衛義務などの対応に追われている。八月十八日に「主上御東行ニ付老君[10]奉供ニ付御供御内命」があって、その準備のために九月十七日に東京に向けて京都を発つ。九月二十日といえばまだ熱田の宮宿に宿泊している。それから安倍川を渡り、二十七日にやっと富士山が見える宿屋に泊まっている。[11] 出雲は東幸の行列より五、六日ずつ先行して宗城に対する変事に備えていたと見られる。だから十月初旬頃まで彼は東京以西にいたことになり、仙台にはまだ行けなかったはずだ。

九月二十七日以降の「備忘筆記」は二頁半にわたる空白があって、その十月十八日記事にはじめて「夜此度の奥州へ御用向有之近日罷越候趣御沙汰有之并ニ冨田[12]ヲ被差添候事同廿日朝七ツ時出足」とあり、十三日東京に着府した宗城がさっそく出雲を仙台に派遣したことが知れる。十月九日大磯で仙台報告を宗城にした[13]ばかりの冨田鑛之助を連れて東京を出発しているのである。これが出雲の初回の仙台訪問だったと断定していいだろう。

十月二十五日には仙台城下の松の井屋敷[14]に着いているとしているが[15]、別に十月二十四日仙台で慶邦・宗敦に謁見して「宝剱一口」賜ったとも書いている[16]。後者は後年になって書かれた記事と見られるし、前後の続き具合から二十五日が正しいとみられる。

「備忘筆記」には、この日から仙台を発つ十一月四日までの行動・経験が簡略だが周到に示されている。日記には「仙藩事件及言上大意」なる報告摘要も記入されているので、両者を参考にして出雲の滞仙の事蹟を箇条書きにまとめておく。

出雲の任務は仙台藩主父子ならびに藩上層部に、①朝廷への軍事的屈服を納得させる、②削地、減石を受け入れさせる、③主戦派首脳の首級を出させる、④藩主の辞任と謹慎を勧める、⑤社稷《しゃしょく》の保全と相続を確保するのを助ける、ことにあった。

「宗城日記」に戻って、同じ十月二日には香川敬三が、奥羽処分を早急に行うように上申にきた。在東京の有栖川宮と三条からの奏聞状や、諸侯と堂上衆からの建白書が香川に託されていた。東京の意見は、仙台、米沢とも城は付けるが、前者は十万石に、後者は七万石に減封するとしていた。これについて皆が一晩考えて、再論することになった。

翌三日の木戸孝允と大木喬任の意見はより強硬で、仙台と米沢は削地のうえ、移封が当然であり、跡地は府にして守衛兵を置くという厳しいものだった。宗城は「跡ハ府にて…」の上に不満を強調する△印を付けている。削地減石は覚悟のうえだが、社稷だけは宗祖の地に遺さなければ、と思っていたにちがいない。

十月九日には冨田鑛之助一行が仙台から帰還して、[17]宗敦の宗城宛自筆書簡と、宇和島藩を経由して朝廷に提出する一門家来からの嘆願書[18]を提出した。宗城は鑛之助の帰還を弁事事務所を通して太政官に報告させ、仙台藩一門家老らの嘆願書は岩倉へ内々に差し出した。[19]仙台救解の努力をあくまで遂行するつもりなのである。

十四日には軍務官副知事の長岡良之助から、奥州の詳細な軍況報告が届いた。肥後藩の先鋒隊が無事城下を占拠し、事態は静寧に経過していると宗城を安堵させている。しかし、肥後藩の融和的姿勢に他藩の参謀らが反発して、河田佐久馬（因州）、寺島秀之助（長州）などが武器の再探索を始めたので、仙台藩士の間に緊張が走ったが、なんとか収まったとの報告が二十一日に仙台出張から帰還した宇和島藩士・玉田貞一郎からもたらされている。[20]

先に書いたように、十月十八日に宗城は仙台の終戦処理のために、桜田出雲、冨田鑛之助を仙台に派遣しているが（桜田は十一月四日に東京帰府[21]）、十一月一日には市村鐙次郎が帰還して、慶邦・宗敦父子が十月二十七日に東京へ向けて仙台を発ったのを報告した。十一月六日に宗城は、伊達将監[22]・大條《おおえだ》孫三郎[23]・遠藤文七郎[24]・大内主水[25]など仙台藩の戦後執行部からの現状報告を受けた。十一日に岩倉を訪問した宗城は、仙台藩は城付きだが二十万石に減石し、抵抗した奸臣二人[26]の首を差し出すことで幕をひくとの話を聞き、「実〱寛大之御處置感銘悦服」と胸をなで下ろしている。[27]最終的には、仙台藩として二十八万石が認められたのであるから、[28]当初の移封のうえの十万石からすれば、「寛大之御處置」だったと考えるのか、奥羽諸藩の立場に立てば、薩長権力確立のための会津藩に次ぐ過酷な犠牲となったと憤慨するのか、今なお意見の割れるところであろう。

三　箱館出兵問題の混迷

仙台藩問題はそれなりに解決に向かいつつあったが、宗城と宇和島藩にとって最大の難関となる箱館出兵問題が立ちはだかっていた。残念なことに、本『御日記⑤』にはこのことについて、ほとんど記載がない。多忙に紛れて宇和島藩の難題に向き合う余裕がなかったとしても、実権のない隠居として、藩当局の姿勢に諦めの気持ちがあったのかも知れない。

としても、桜田出雲「備忘筆記」十一月十九日の「夕五字過京都より足軽急飛出達ス[29]○主意、兼て箱館兵隊出張の事件遅延ニ相成候処、京地ニテ大儀論相生、京詰之向より大西萩森[30]へ申参るナリ」という急展開を座視はできなかっただろう。今度も宗城の意を体して、京都軍務官による追及の矢面に立ったのは桜田出雲だった。

翌二十日には、まず在東京の小参事・大西登を岩倉へ弁解に出し、そのあと大西同道で出雲は西の丸軍務官の大村益次郎副知事を訪ねた。超多忙の益次郎には容易に会えなかったが、夕暮れに寸暇を得て会うことができた。だが益次郎の返答は「過日伺った意味をくり返すばかり」だったので、念を押したが「聞き違えはない」との言質を得た。それを告げに出雲はまた岩倉へ出ている。[31]

ところが東京と宇和島では状況の認識に天と地の開きがあった。一カ月ほど遡る十月二十三日に、藩主・宗徳は領内にある出兵前線基地、三机浦の兵士を引き揚げる決定を下し、二十七日には帰城した兵士に慰労の訓示を与えているのだ。[32]

宗徳がこのような行動をとったのも、十月二十二日に東京から「飛脚相達候処、箱館方御家出兵御人数繰出相成候処、追々奥羽鎮静津軽應援も従事《あだごと》と相成候間、追而出兵御免ニ可相成哉之趣」[33]（強調ルビは筆者）との楽観論の飛脚文書が到着していたからである。

ひるがえって、九月七日箱館出兵の命を受け、その後津軽応援の命令も受けた宇和島藩は紆余曲折の果て、十月六日にはなんとか傭船のめどを付けて、[34]すでに三机港に待機していた兵隊を出帆させる計画であった。[35]ところが東京の藩当局は、もうすでに東北地方鎮定のめどは立っているのだから、直接北海道へ向かった方がよいのではないかと考えて、旧知の仲である大村益次郎の判断を仰ぎに軍務局へ出たのが、十月の八日であった。益次郎は、「奥羽も平定ニ付、津軽應援ニも不存申、其ニ《それに》箱館出兵ニ而可然候へとも、箱館は元来食料至而《いたって》乏敷《とぼしき》ニ、多人数ニ相成候而は甚不都合、且此上人数相増候とも、最寄近地より差向候方便利ニ付、何様弊藩《宇和島藩》出兵ニも不及候」との見解であった。[36]

しかし、宇和島藩兵の出兵遅延に対する西京軍務当局の対応は峻厳だった。十一月二十四日「先般其藩至急津軽且箱館出張之議達置候處差免候事」[37]と命令不履行の罪が問われる事態となった。十一月十七日には、西京の重役、小嶋備中が京都藩邸での謹慎に追い込まれていた。[38]

十一月二十日の東京では、先に述べたように責任者の出雲が改めて益次郎の発言を確認に行き、口頭でその同意を得たのであった。[39]

宗徳は、東京の益次郎の意向をそのまま受け取って、西京軍務局の意向などを考慮しなかったようだが、宗城は西京軍務官の動きに危機を予感したとみられる。宗城は東京、西京双方の情報を知悉する立場にいたからである。

十一月二十二日、養父、宗紀室觀《みよ》の不快見舞いに帰宇した宗城を待ち受けていたのが、この問題だった。翌日の日記には「箱館出兵一条承《うけたまわる》」とだけ記されている。のんびりかまえていた宇和島藩でやっと事の重大性が認識されてきた。小文字で「十四日起り」との注記があるのは、十一月十四日頃から京都で騒ぎが大きくなったのを指している。

宗城着城からの対応はすばやかった。十二月一日隠居と藩主は家中一統へ、政府からの出兵差止めの御沙汰書と宇和島藩の出兵歎願書を公開し、今さらながらの感なきにしもあらずだったが、新たに挙藩的な部隊を編制して筆頭家老・桑折駿河を頭取に据えた。[40]

十二月二日京都詰めの公用人・木原半兵衛は大村益次郎の確認書を得ようと上京したが、[41]益次郎は事実を認めながらも文書にするのは拒んだ。[42]京都では、宗城辞職、宗徳隠居、宇和島は半知（石高が半減する）などの噂におびえていたのである（付二「半兵衛ト大村問答書」参照）。

関係文書を総合すれば、西京軍務官は宇和島問題を東京で、すなわち大村益次郎の力を借りて解決しようとする宇和島藩に反感を持っていたことが明瞭である。あるいはこの騒動に、軍務官の中での長州と薩摩の対立が反映されている可能性や東京遷都に抵抗する公家衆などの反宇和島藩感情を想定することができるのかもしれない。

十二月十九日帰洛した宗城は、翌二十日参朝して宇和島藩の事情を弁解した。松平春岳の意見も聞き、翌二十一日には有馬頼咸《よりしげ》軍務官副知事にも逢っている。宗城は十八日の日記で、「箱館嘆願書」(43)の一語に◎《にじゅうまる》を付けた。不安も大きかったであろうが、「歎願」の真心に宗城は賭けていたような気がする。だが、まだこの時点では、箱館出兵一条の帰趨は混沌としていた。

付一　新政府軍占領下の「面《めん》補助」について

新政府軍もしくはその代理藩の軍政下にある桑名藩と会津藩で、謹慎中の降伏将兵とその家族への扶助米についての記載が本日記中にある。(44)どのような基準で、いくらぐらいの給付があったのかを整理しておきたい。

「面補助」は「面扶持《めんふち》」の流用かと考えられる。本来は、財政破綻とか非常の時に家格によって決まった扶持ではなく、頭割りに出す扶持なのだが、この場合はすべての家に平等になにがしかの扶持米を給付するのを面扶持と言っている。(45)

まず、会津藩の記事（本御日記二五－二六頁）からは以下の基準が帰結される。最も責任の重い士分以上の兵隊、役人、軍事指導者などの謹慎期間は特別の検討を要するが、士分以下兵隊（兵卒も含む）は百日の謹慎を申し付けられた。しかし、そのすべてに二人扶助（一日当たり米一升）が保証された。また、家中婦人と奥女中はすべて二人扶助を受けたが、兵卒以外の下々のもの、陪臣、鳶職(46)などには補助はなく生業で生きていくようにと説諭されている。

おおまかにこの基準に準拠して、桑名藩の概略計算（本御日記一一－一三頁）について説明を試みる。まず、桑名藩の人別数調査の後に「右面扶助ニして弐口〆壱ヶ年一万四千四百五十二石二斗よ」とあるのが面扶助に必要な総石高と考えられる。そう仮定すると人別表に挙がっている全人口七、六百余名全員がこの恩恵に浴することはできない。そのうちの四、〇一五人（一万四、四五二石を一人当たり二口の一年間の面扶助額三・六石で割った数）くらいしか賄えない。とすると、「重臣より士分、又家来、婦人、徒格以下」とある四グループまでが補助の対象となったのではないか。その総和は四、一四七人である。正確に数字が合うのではないが、会津藩記事の基準を当てはめれば、こんな推量でも良いように思われる。

「四免にして三万三千余」とあるのは、六公四民の分配率で、藩の年貢収入が三万三千石あったということである。その二行後には「昨卯年納高大法　米三万九千二百石程」とあり、昨年もほぼ同じ水準であったことを示している。旧石高の十一万石が六万石に減石されると、年貢高は三万三千二百石の六割「二万三千五百廿石程」となり、それから洪水による田畑の損壊（砂入り）による減石と諸経費のための出費を差し引くと残高は「残壱万四千四百廿石程」となり、先の面扶助にちょうど見合うのである。つまり、この数字から逆算して先の面扶助対象人数を決めていると考えられる。

九月二十五日桑名駅の行在所で岩倉具視、中山忠能、大木喬任が同藩に対する処分を議論したとされているが(47)、宗城がどこまで関与していたかは明確ではない。しかし、日記に桑名への面扶助法をあれこれ計算しているのは注目に値するだろう。

付二 「十二月三日半兵衛大村ト問答書」

十二月三日東京軍務官参謀／大村益治《ママ》郎殿え面會《半兵衛》弊藩／より箱館出兵之儀御尋ニ付／別紙之通京師軍務官え／御届仕候処文面事実と／御差圖之儀相違無御座候哉／《益次郎》相違無之候／《半兵衛》京師ニ而は差届候是(48)江可調ヲ／東京迠伺候は如何哉之御議論／見聞候処如何有之候や／《益次郎》軍之事は左様参兼候／此時秋田大一郎より奥羽平定津軽應援不及箱館／人数も有之旨申越候左ニ付／當東京より箱館え遣候／兵も相止候位処宇和島／兵も出兵ニ不及と申聞候／様相見且右様相成居候／ニて圖ニ(49)出兵致候は無益と／行〳〵《ゆくゆく》當下臣(50)より出兵差留候／而も何之子《ママ》細無之／《半兵衛》京師之御模様は右之一件ニ／付而は／黄門様(51)は御辞職／御當若君様(52)は御謹慎と申／様無之而はと薄々見聞扨／又半知等〳〵厳罰も聞及申候／《益次郎》右紙面之御次第ニ御坐候／ハヽ少も御失錯無之様／存候何様私差圖ニ依而／御出兵ニ不相成候間御安心／ヒ致候只此侭ヒ差置候／而も可然様存候／《半兵衛》左候ハヽ御差圖之件御書／取《書き取り》ヒ下候ハヽ不行届者仕合ニ奉存候／《益次郎》致承知候とて奥え入られ／暫して／益次郎再右之書面認ニは子《ママ》／細無之候得共左候而は／拙者京下臣(53)と之事と／相成且／御家之腰ヲ押候様／相聞候而御為ニ不宜折／柄桜井愼平(54)京師より／昨日到着致候処有之／議論京ニ而承リ候由何／様京軍務官

より掛合／可有之候其時右差／圖之次第返答可致候／左候ハ、官と官とニ相成／御心配も薄キ譯か此御紙／面通ならハ筋合相立御／落度は無之様存候／半兵衛京官ニ而西村亮吉殿ヒ申候／は證記方候哉之旨ヒ申聞／候得共愚案證書ニも及間敷／證言ニ而可然様奉存候間右御差圖／御書付不ヒ下候処承知仕候

参考文献（『　』、「　」）は注記での略語。辞書類では頁数は付けない。再掲では発行年月、発行所を略。

『明治天皇紀 第一』（『天皇紀 一』）、『明治維新人名辞典』（『人名』）、『増補幕末明治重職補任』（『補任』）、『百官履歴』（『百官』）、『国史大辞典』（『辞典』）、『岩倉公實記 上中下巻』（『岩倉上中下』）、佐々木克『戊辰戦争』（『戊戦』）、藤原相之助『仙臺戊辰史』（『仙戊史』）、木村紀夫『仙台藩の戊辰戦争―幕末維新人物録282』荒蝦夷、平成十八年（『仙人物』）、大山柏『戊辰役戦史 上下』（『戊役史 上下』）、「大日本維新史料稿本」（「大維稿」）、外務省外交史料館日本外交史事典編纂委員会『日本外交史辞典』山川出版社、一九九二年（『外史典』）、「外務省調査月報」（「外調報 2010/No.2」）、ウィリアム・ウィリス『幕末維新を駈け抜けた英国人医師』創泉堂出版、二〇〇三年（『ウィリス』）、田中時彦『明治維新の政局と鉄道建設』吉川弘文館、昭和三八年（『明政鉄』）、アーネスト・サトウ『外交官の見た明治維新 下』（『外交官下』）、『伊達宗城在京日記』（『在京日記』）、宇和島伊達家叢書③～⑤『伊達宗城公御日記』（『御日記①』、『御日記②』、『御日記③』）、宇和島伊達家叢書⑥『伊達宗徳在京日記』（『御日記④』）、宇和島藩庁伊達家史料Ⅰ～Ⅲ『家中由緒書 上中下』（『由緒上中下』）、胡光編「宇和島藩家老櫻田家文書資料集」（愛媛大学図書館所蔵）史料番号185桜田出雲「公私備忘筆記」（「備忘筆記」）、なお「解説」注の「桜田文書7219、7348、7349」の四桁番号は同資料原本の分類番号ではなく、個別文書撮影フィルム番号、宮田幸太郎『佐賀藩戊辰戦史』佐賀藩戊辰戦史刊行会、昭

和五十一年（『佐戊史』）、「明治天皇行幸年表 稿本」dl.nd.go.jp/info:ndljp/pid/1121017（『行幸年表』）、岩波文庫『大鏡』一九六四年（『大鏡』）、水谷憲二『戊辰戦争と「朝敵」藩』八木書店、二〇一一年（『戊朝敵』）、「歴史のうわじま〇号」（「歴う〇号」）、浦川和三郎『五島キリシタン史』仙台司教館出版部、昭和二十六年（『五島』）。

公益財団法人宇和島伊達文化保存会所蔵文書の略記については以下の通り。

「大扣明治元辰歳大扣 冬」（「大扣 冬」）、乙日記九五「明治元戊辰十月ヨリ東京被仰出其他御願届共記録抜書 同東京日記共一冊」（乙95達仰出留・東京日記）、乙記録九七 三冊ノ内三「明治元年十一月東京願書届書控 三冊」（「乙97―1―3東願届」）。

注

（1）叢書5『御日記③』の解説（一〇三頁）五行目に「明治二年二月二日」とあるのは「明治二年正月二日」の誤りである。ご訂正を乞いたい。

（2）『在京日記』一一一八頁。

（3）兵頭賢一著『宇和島藩における勤王思想』、南予文化協會、昭和十五年。

（4）『在京日記』六頁。

（5）『岩倉 中』五六一頁。

（6）同右書五五三頁。

（7）慶応四年の夏は多雨で諸河川の氾濫洪水が相次いだ。

（8）高位者が季節の変わり目に臣下に衣服を与える慣習があった。

（9）桜田文書7348－7349、「備忘筆記」には十月二十六日記事として出ている。「備忘筆記」が正しい。
（10）隠居宗城。
（11）「備忘筆記」八月四日から九月二十六日記事。
（12）御近習・冨田鑛之助は御長柄頭・玉田貞一郎、平士・市村鐙次郎とともに九月九日に入仙、青葉城に登城している。この時幡桃院らに逢っている。冨田はこの後で桜田出雲を迎えに東京に出て、再度出雲に従って入仙した。
（13）本御日記十月九日記事。
（14）仙台城下片平町の良覚院向いに作られた屋敷。戊辰戦争時は奥羽越列藩同盟の会議所が設けられた（『仙台藩歴史用語辞典』）。
（15）「備忘筆記」十月二十五日記事。
（16）桜田文書7219。
（17）鑛之助の初回仙台出張からの帰還。
（18）『仙戊史』八〇九－八一二頁。
（19）本御日記十月十日記事。
（20）この危機については、「備忘筆記」十月二十六日記事にも「事件」として言及がある。
（21）「備忘筆記」十一月四日記事。
（22）水沢領主、一万六千石。奉行（家老）として伊達慶邦の信任が厚く、恭順派として終戦を導いた（『仙人物』二三〇－二三三頁）。
（23）坂元領主、四千石。尊王攘夷派の奉行として佐幕派に敗れたが、仙台藩降伏の時に復活して、終戦、戦後処理に当たった（同右書七〇－七二頁）。
（24）川口邑主、千八百三十三石。尊皇攘夷激派奉行として閉門。戊辰戦争後復活して拘囚の藩主父子を護衛し、新政府と交渉して有利な終戦処理を図った（同右書六四－六七頁）。

(25)西郡邑主、千二百九十七石。尊攘派参政として活躍(『御日記③』一七一一八、四九―五一頁、同右書六八―六九頁)。
(26)但木土佐と坂英力。
(27)本御日記十一月十一日記事。
(28)『戊戦』二二〇頁。
(29)十一月十九日の夕方五時過ぎに、京都発の足軽急飛脚便が東京に着いた。
(30)在東京の大西登(用人)。萩森巌助(虎之間)も同役か(『由緒 下』二七七頁)。
(31)「備忘筆記」十一月二十日記事。宇和島藩上層部は、箱館出兵中止の根拠を益次郎の発言においていたので、それの再確認のため出雲は益次郎に会った。
(32)「大扣冬」十月二十三、二十七日記事。
(33)「大扣冬」十月二十三日記事。
(34)十一月二十七日付軍務官宛公用人・木原半兵衛届(「乙97―1―3東願届」)。この文書は伊達家分類からは東京軍務局に提出されたことになり、二十七日時点での出兵遅延問題を総括して報告している。
(35)「備忘筆記」十一月二十日記事。
(36)「乙97―1―3東願届」十一月二十七日記事。
(37)「大扣冬」十一月二十四日記事。
(38)「乙97―1―3東願届」十一月十七日記事。
(39)「備忘筆記」十一月二十日記事。
(40)「大扣冬」十二月一日記事。
(41)同右文書十二月二、三日記事。
(42)「十二月三日半兵衛大村ト問答書」伊達文化保存会戊記録文書(本解説付二に収録)。
(43)「大扣冬」十二月一日記事に「歎願書」全文がある。

(44) 桑名藩は一一一―一一三頁、会津藩は二五―二六頁。
(45) 本文一二頁注（1）参照。
(46) 鳶職として軍事行動に参加した者。
(47) 『岩倉 中』五七一頁。
(48) 届けを出した西京軍務官役所。
(49) ず（頭、図）に乗って。
(50) 益次郎。
(51) 中納言宗城。
(52) 藩主・侍従宗徳。
(53) 在西京の軍務官職員。
(54) 長州藩士、桜井直養、軍務官判事（『補任』一四三頁）。

【人名索引】

人名索引凡例

1　本索引は『伊達宗城公御日記④』（翻刻、現代語訳、脚注）に登場する人名を五十音順に排列し、収録したものである。

2　人名表記は以下の原則に基づくこととした。

⑴「美作守」のように官名で登場する場合は、「→奥平昌邁」と名前を記し、「奥平昌邁」の項に記載した。

⑵「土佐藩主」のように姓名の記載がない場合は、「→山内豊範」と名前を記し、「山内豊範」の項で明示した。

⑶「大総督」のように官職・役職で表記されている場合でも、それが明らかに人物を表し、その人物名が明らかな場合は、「有栖川宮熾仁親王」と記し、「有栖川宮熾仁親王」の項に記載した。

⑷「東酉」のように、複数の人名を表している場合は、「東久世道禧」と「醍醐忠敬」に分けて記載した。

⑸ 収録した人物に変名や別名のある者は、（　）内に記載した。

⑹ 姓と名のいずれか若しくは部分的にしか表記されていない場合や、変名や別名で表記されている者に関しては別項目を設けて本名を「→　」で示した。

3　姓名の読み方のはっきりしない者は、音読みで記載した。

人名索引

【編纂者略歴】

近藤　俊文（こんどう・としふみ）

1932 年生まれ。翻刻校注『伊達村壽公傳』、『伊達宗紀公傳』、『伊達宗城公傳』、『伊達宗城公御日記①』、『伊達宗城公御日記②』（創泉堂出版）など、元公益財団法人宇和島伊達文化保存会理事、宇和島歴史文化研究会会長。

水野　浩一（みずの・ひろかず）

1937 年生まれ。元公益財団法人宇和島伊達文化保存会評議員、宇和島歴史文化研究会事務局長。

【宇和島伊達家叢書⑦】

伊達宗城公御日記　明治元辰六月より十一月迄　在京

— 宇和島・仙台伊達家戊辰戦争関連史料 その三、東幸供奉日記 —

2019 年 12 月 9 日発行

監　修　公益財団法人 宇和島伊達文化保存会

編　纂　近藤俊文・水野浩一

発行者　橋本哲也

発　行　有限会社　創泉堂出版

〒 162-0808　東京都新宿区天神町 64 番　創美ビル２Ｆ

電　話・03-5225-0162

ＦＡＸ・03-5225-0172

印刷・製本　創栄図書印刷株式会社

ISBN978-4-902416-46-6 C3021 Printed in Japan

宇和島伊達家叢書　既刊案内

《宇和島伊達家叢書①》井伊直弼・伊達宗紀密談始末
藤田　正［編集・校注］
幕末の激動期に松平春岳（福井藩主）・山内容堂（土佐藩主）ともども活躍し、賢公の誉れ高い八代藩主・宗城が、井伊直弼大老をはじめ幕閣の画策によって、隠居に追い込まれるに至る顛末を克明に記録した未公刊史料である。
● A5 判並製・62 頁　●本体 1,500 円＋税　● ISBN：978-4-902416-24-4 C3021

《宇和島伊達家叢書②》伊達宗城隠居関係史料　—改訂版—
藤田　正［編集・校注］・仙波ひとみ［改訂］
第一集の続編にあたり、宇和島伊達文化保存会所蔵史料の中から伊達宗城の隠居に関わる記録・書翰類を採録して、「伊達宗城隠居関係史料」「伊達宗紀・宗城宛井伊直弼書翰」「逸事史補関係史料」の三章構成で編集したもの。
● A5 判並製・80 頁　●本体 1,250 円＋税　● ISBN：978-4-902416-38-1 C3021

《宇和島伊達家叢書③》伊達宗城公御日記①　慶應三四月より明治元二月初旬
近藤俊文・水野浩一［編纂］
宗城が幕末、いわゆる四藩会議のために着坂した慶応 3 年 4 月 12 日に始まり、堺港攘夷事件が決着をみた慶応 4 年 2 月 13 日までの出来事を綴った直筆日記である。この時期に勃発した二大攘夷事件、神戸事件と堺港事件の克明な記録である。
● A5 判並製・122 頁　●本体 1,600 円＋税　● ISBN：978-4-902416-35-0 C3021

《宇和島伊達家叢書④》伊達宗城公御日記②　明治元辰二月末より四月迠 在京阪
近藤俊文・水野浩一［編纂］
京都で発生した攘夷派によるパークス英国公使襲撃事件によって、成立直後の維新政府は存亡の危機に立たされた。事態収拾の重責を担い奔走する宗城公の未公刊直筆日記の続編である。
● A5 判並製・112 頁　●本体 1,600 円＋税　● ISBN：978-4-902416-37-4 C3021

《宇和島伊達家叢書⑤》伊達宗城公御日記③　明治元辰四月末より六月迄 在京阪
近藤俊文・水野浩一［編纂］
鳥羽伏見の戦いのあと、宇和島藩の宗藩たる仙台藩はついに朝敵とされるに至る。本書は複雑な藩論をかかえ、深刻な焦燥感に苛まれながら、事態の打開策を必死に模索する宗城の激動の日々を浮彫りにする。本書はその前半期の様相を克明に記録。
● A5 判並製・140 頁　●本体 1,600 円＋税　● ISBN：978-4-902416-39-8 C3021

《宇和島伊達家叢書⑥》伊達宗徳公在京日記　慶応四辰七月廿二日より明治元辰十月十八日着城迄
近藤俊文・水野浩一［編纂］
宇和島藩の宗藩たる仙台藩はついに朝敵とされるなか仙台藩説得に奔走する宇和島伊達藩・宗城、宗徳父子の日々を浮き彫りにする。草創期維新政府と朝廷の素顔、幕末大名家一族の私生活、一藩主の旅行記としても、興味の尽きない内容である。
● A5 判並製・152 頁　●本体 1,800 円＋税　● ISBN：978-4-902416-43-5 C3021